圖鑒

圖鑒

THE FORM OF JADE ARTICLES

玉器器形

图鉴

橘中叟 编著

全国百佳图书出版单位
时代出版传媒股份有限公司
黄山书社

图书在版编目(CIP)数据

玉器器形图鉴 / 橘中叟编著. -- 合肥 : 黄山书社,
2013.12
ISBN 978-7-5461-3991-3

Ⅰ. ①玉… Ⅱ. ①橘… Ⅲ. ①玉器—中国—图集
Ⅳ. ①K876.82

中国版本图书馆CIP数据核字(2013)第288618号

玉器器形图鉴

YU QI QI XING TU JIAN

橘中叟　编著

出 版 人：任耕耘
策　　划：任耕耘　蒋一谈
责任编辑：侯　雷
责任印制：戚　帅　李　磊
装帧设计：商子庄

出版发行：时代出版传媒股份有限公司（http://www.press-mart.com）
黄山书社（http://www.hsbook.cn）
官方直营书店网址（http://hsssbook.taobao.com）
营销部电话：0551—63533762　63533768
（合肥市政务文化新区翡翠路1118号出版传媒广场7层　邮编：230071）
经　　销：新华书店
印　　刷：合肥精艺印刷有限公司

开本：710×875　1/16
印张：12
字数：154千字
版次：2014年5月第1版
印次：2014年5月第1次印刷
书号：ISBN　978-7-5461-3991-3
定价：48.00元

前言

从器形特点入手，认识式样众多的玉器，感受时代的风格，是提高玉器鉴赏能力行之有效的方法。我国有七千多年使用玉器的历史，在社会生产力低下的年代里，玉工靠着非凡的毅力和聪明才智，征服了比钢铁还坚硬的玉石，制作了不计其数的巧夺天工的玉器。这是我们中华民族引以为荣、值得珍藏的文化遗产。

研究玉器的器形，要注意影响玉器器形的两个重要因素：一个是工艺因素，一个是最高统治者的思想。工艺因素，即制作技艺对玉器形制的制约。由于玉石比钢铁还硬，要获得一定的形状需要付出巨大的劳动。因此，长期以来玉器的制坯大多切片和打钻为主，这就是元代以前玉器多为片状浮雕、片状镂空雕的主要原因。器形复杂、形体高大的玉器在清代中期才出现，这是“火镰片”（即镀金刚砂的砣子）普遍使用的结果。另外，玉器的形制和纹饰，并非是纯艺术创作，也不是玉工按照行业习惯，将古玉器的式样进行简单的传承就可以的。特别是制作玉礼器的玉工们，必须无条件地遵循最高统治者的意愿，才能使玉礼器体现出那个特定时代的意志。所以，玉礼器的形制和纹饰风格，才会如此鲜明地体现了当时最高统治者的思想和意愿。这也是宋玉为何不同于汉玉，清玉为何不同于明玉的重要原因。总之，每一件古玉器上都浓缩着逝去的年代的种种信息，显示着特定时代治玉工艺的风格特点。古玉器的器形，是古玉器式样传承演变的直接反映，对时代风格的反映更加清晰。所以，古玉器鉴赏家都十分重视古玉器形制的研究工作。

有鉴于此，我们收集了大量的相关资料，经过分类整理，编成了这本重点展示我国古玉器器形的参考书，便于爱好收藏古玉器的读者翻阅，希望大家能够喜欢。

目录

CONTENTS

目录

CONTENTS

目录

CONTENTS

目录

CONTENTS

THE FORM OF JADE ARTICLES

玉器器形基本知识

玉器器形的分类，一般是以玉器的功能为依据的，但同时也采用装饰题材进行分类。

与其他艺术品相比，玉器器形的规律性并不强。因为在元代之前，玉器无大件，一般以片状镂空雕居多，圆雕很少，且均为小件，玉器的这种特点从新石器时代就形成了。新石器时代玉器的形状可分为直方片状、圆弧片状、仿生形片状和小型圆雕四类。

另外，玉器之所以用为玉礼器，原因很多，但玉器不易被仿制或许是最重要的原因。玉器之所以不易被仿制，一是因为玉料难得，不是轻易就能找到的；二是因为制作玉器需要特殊的工具和技术，制作过程又极其耗时费力；三是每块玉料都有不同的材质、纹理、色泽，制成玉器后，这些特点与玉器的形制、纹饰结合在一起，使每一件玉器都具有不可仿制的特点。

> 玉器的分类

玉器是人类按照自己的需要制作出来的一种特殊工艺品，玉器器形与用途的关系十分密切。玉器的用途，决定了玉器的分类。

人们认识事物都是从分类开始。要认识名目繁多的玉器，当从玉器的分类开始。但中国玉器的历史太悠久了，玉器的形制和用途实在太多了。另外，古代文献上所记载的许多玉器名称，至今也没有找出相对的玉器；而考古发现的许多玉器，也没有正式的名称，也不知道有何用途。所以，目前对玉器尚无科学的分类方法，一般是以玉器的用途作为分类的依据，大致可把玉器分为礼器用玉、装饰用玉、实用玉器、丧葬用玉、陈设用玉等几大类。在上述分类的基础上还可以细分，如礼器用玉，又有瑞器、节符器、玉玺、燎玉等许多种；装饰用玉又可分为首饰（头饰、颈饰、臂饰）、服饰、佩饰、坠饰等。虽然这样划分也未必科学，但兼顾了这一类玉器的用途和器形特点，也便于人们理解，本书采用这种稍细的分类。

◆ 良渚墓葬随葬玉器分布

◆ 变形兽面纹玉饰（春秋）

＞玉礼器

了解玉器，当从玉礼器开始。玉礼器，简单地说就是朝廷用玉。换言之，玉礼器是象征天命与皇权的信物，这是玉礼器最核心的内容。中国玉器之所以有七千多年不中断的历史，最重要的原因就是上层统治者对玉礼器的无限崇信。

由于玉礼器种类很多，为了便于认识，可以分如下几类：

◇“瑞”器——证明身份和权力的玉器

“瑞”是一种代表天命所归的信物，即《礼记·礼器疏》所言：“天子得天之物，谓之瑞。”“瑞”是天帝把国土恩赐给天子的凭证。西周天子祭祀时所用的一种大圭，表示自己拥有的国土和权力是天命所授的。这件大圭，证明了持有者具有天子的权力。

西周实行分封制，把天下国土分成许多个诸侯国，西周天子要向分封在各地的诸侯发放一件玉器作为官爵的凭证。这种由周天子颁发的信物——玉器，就叫“瑞”。《周礼·春官·大宗伯》载：“以玉作六瑞，以等邦国：王执镇圭，公执桓圭，侯执信圭，伯执躬圭，子执谷璧，男执蒲璧。”

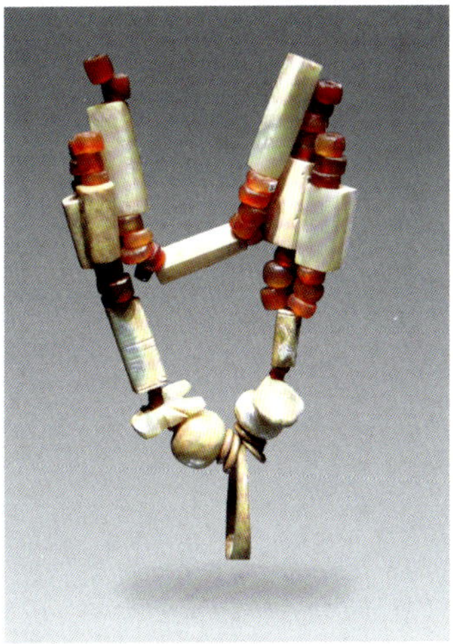
◆ 玉头饰（西周）

西周诸侯有公、侯、伯、子、男五种等级，所以证明其身份和权力的瑞器是不相同的。这就是《周礼·春官》“以玉作六瑞，以等邦国”的意思。

《礼记·礼器疏》：“以圭为瑞者，圭兼五等玉也，诸侯之于天子如天子之于天也，天子得天之物谓之瑞，故诸侯受封于天子，天子与之玉，亦谓为瑞也，书云‘辑五瑞’，又云‘班瑞

◆ 圭（商代晚期）

于群后’是也。”

西周时，由朝廷颁发证明身份的瑞玉，还颁发给王后、王妃、诸侯夫人，当然这类瑞玉也有等级之分，也有不同的名称和形制。

不过也有学者认为：六器中的白琥，六瑞中的谷璧、蒲璧，都是有疑问的。因为六器中的其他五器，都是无纹饰的，为何礼西方之神，却要用虎纹之器？六瑞中的其他四瑞，都用无纹饰的圭，而地位相对低下的子爵和男爵，却用有纹饰的璧？何况谷纹和蒲纹都是东周时才出现的纹饰，不可能出现在西周时的瑞器上。因此，问题又追溯到《周礼》成书的时代，并涉及书中内容的可靠程度。

《周礼·大宗伯》中记述了各种玉礼器的名称及用途：“四圭有邸以祀天旅上帝；两圭有邸以祀地旅四望；祼圭有瓒以祀先王；以祼宾客；圭璧以祀日、月、星、辰；璋邸射以祀山川，以造赠宾客；土圭以致四时日月；封国则以土地、珍圭以征守，以恤凶荒；牙璋以起军旅，以治兵守；璧羡以起度；驵圭、璋、璧、琮、琥、璜之渠眉；疏璧、琮以敛尸；谷圭以和难，以聘女；琬圭以治德、以结好；琰圭以易行，以除慝……”

这段记述使我们知道了四圭有邸、两圭有邸、祼圭、圭璧、璋邸射、牙璋、璧羡、谷圭、琬圭、琰圭等多种玉器的名称及用途。但

◆ 玉璧（良渚文化时期）

◆ 玉璧（良渚文化时期）

这些玉器的形制是怎样的，至少从汉代起就有人进行了研究，作出了多种猜测，但至今尚未得到明确的结果。

◇ 祭器

周天子每年都要定期要举行大典，祭祀天地和四方之神，祭祀这六位大神所用的礼器，并不相同。《周礼·春官·大宗伯》载："以玉作六器，以礼天、地、四方。以苍璧礼天，以黄琮礼地，以青圭礼东方，以赤璋礼南方，以白琥礼西方，以玄璜礼北方。"这六种玉器，是代表周天子向天地鬼神表示虔诚之意的玉器，是最高级别的玉礼器。

在西周时期创立的礼天地四方的六种玉器，汉以后的历代封建王朝，仍然把这六种玉器作为皇家祭祀天地四方的玉礼器。元代是由我国北方民族建立的国家政权，在祭祀活动中依然遵循中华古制，以六器礼天地四方。《元史·祭祀一》记载："器物之等，其目有八：一曰圭璧，昊天上帝苍璧一，有缫藉青币一，燎玉一……配帝青币一，黄帝黄琮一，青帝青圭一，赤帝赤璋一，白帝白琥一，黑帝玄璜一。币皆如其色，内官以下皆青币。"同样，由北方民族建立的清政权，也非常

◆ 玉琮（良渚文化时期）

重视六器玉体系的使用。由此可见，中国古代玉礼器体制对中国古代文化的深远影响，上下几千年，纵横数百代，其制度略同也。

另外，朝廷所用的祭器并不止这六器，如天子巡狩时，祭祀名山大川时要用玉，祈雨时要用玉珑……凡此种种，都要使用特定的玉礼器。

◇ 符节器

符和节是两类做法不同的朝廷信物，但都是表示持有玉符和玉节的人，是由朝廷派出的，负有特定的使命。

◇ 玉兵器

在新石器中期就已经出现，到了良渚文化时期，就已经成为礼仪之器。玉兵器有玉刀、玉戈、玉钺、玉戚等，属于礼仪用器，广泛地用于祭祀、仪仗活动。

◆ 玉琮（西周）

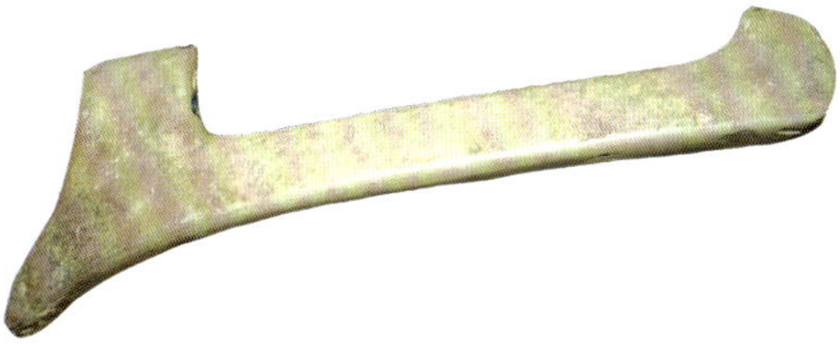

◆ 带柄石斧（良渚文化时期）

◆ 玉璜（商代）

◆ 玉刀（商代）

◆ 龙纹玉璜（西周）

>佩玉

佩玉固然是一种装饰品，但仍然是身份高贵的象征。由于玉佩的佩带是有规定的，不同身份的人，佩玉的色泽、质地均有区别。《礼记·玉藻》记载："天子佩白玉而玄组绶，公侯佩山玄玉而朱组绶，大夫佩水苍玉而纯组绶，世子佩瑜玉而綦组绶，士佩瓀玟而缊组绶。"因此佩玉仍有礼器的意味。

从春秋开始，奴隶制度日趋衰败，地主阶级逐渐兴盛，"君子于玉比德"的观念就是在这种形势下兴起的。《礼记·玉藻》记载："君子无故，玉不去身，君子于玉比德焉。"君子无故玉不去身的原因，就在于用佩带的玉器来表示自己的品德和人格。这是当时新兴的地主阶级的意识，也是向奴隶主意识形态的挑战。《礼记·聘义》中有一段话把这个意思解释得十分清楚。"子贡问于孔子曰：'敢问君子贵玉而贱珉者何也？为玉之寡而珉之多与？'孔子曰：'非为珉之多故贱之也，玉之寡故贵之也。夫昔者君子比德于玉焉，温润而泽，仁也；缜密以栗，知也；廉而不

◆ 定陵出土的玉佩（明代）

◆ 玉组佩（西周）

◆ 玉组佩（良渚文化）

刿，义也；垂之如队，礼也；叩之，其声清越以长，其终诎然，乐也；瑕不掩瑜，瑜不掩瑕，忠也；孚尹傍达，信也；气如白虹，天也；精神见于山川，地也；圭璋特达，德也；天下莫不贵者，道也。诗云：言念君子，温其如玉。故君子贵之也。’”

文中的“珉”是一种似玉的石头，人们以玉为贵，以珉为贱的原因，并不是玉少而珉多，而根本原因在佩玉是佩玉者品德的表现。孔子从儒家关于人的品格修养的十一个方面来解释玉的品性，认为玉本身具备了仁、知、义、礼、乐、忠、信、天、地、德、道等特性。“君子于玉比德”，就是要使自己的品德如玉一样，具有这十一个方面的修养。“君子于玉比德”的观念的推广，促进了玉组佩的发展。东周时期的玉组佩的结构很庞大，很复杂，由璜、珩、环、冲牙及其他佩玉组成的垂

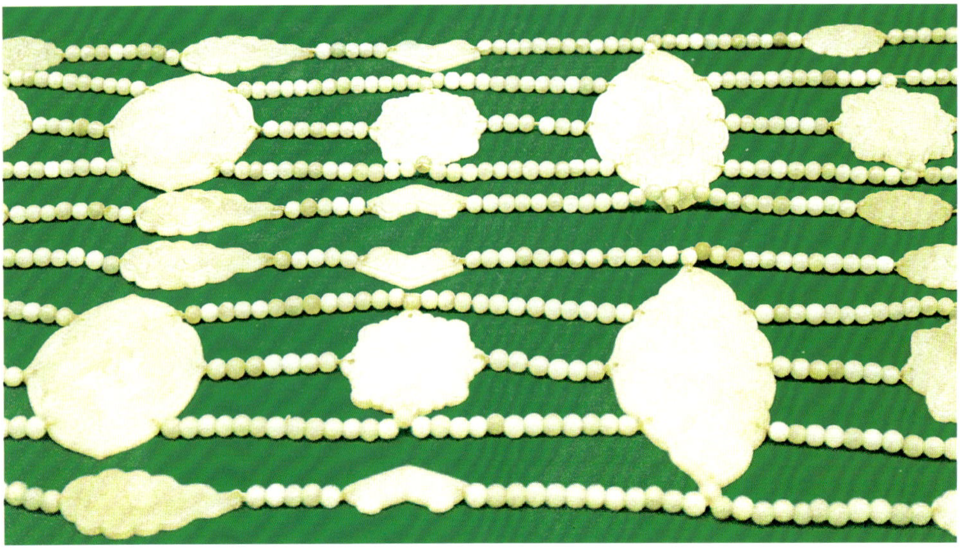

◆ 定陵出土的玉佩（明代）

直悬挂体系，一般佩带于人的身前。这一佩玉体系分为上、中、下三部分，上部分为璜或珩，整体上横宽，两端及中部有孔，悬挂其他玉件。玉珩的作用有如扁担两端悬挂器物，起平衡作用。玉环种类很多，位于成组佩玉的中部，是玉佩中表示人的身份、品德的最主要部分。冲牙形如角，片状，成对悬于玉佩下端，行走时能相撞出声，在这三部分之间还悬有其他玉件，并杂有玉人、玉兽片等。

THE FORM OF JADE ARTICLES

六瑞 六器

六瑞、六器是最重要的玉礼器。六瑞就是《周礼·春官·大宗伯》所说的镇圭、桓圭、信圭、躬圭、谷璧、蒲璧，是代表天命王权的征信之物，也是最高级别的玉礼器。

六器就是《周礼·春官·大宗伯》所说的礼天、地、四方的苍璧、黄琮、青圭、赤璋、白琥、玄璜，是周天子向天地鬼神表示虔诚之意的玉器，是最高级别的玉礼器。

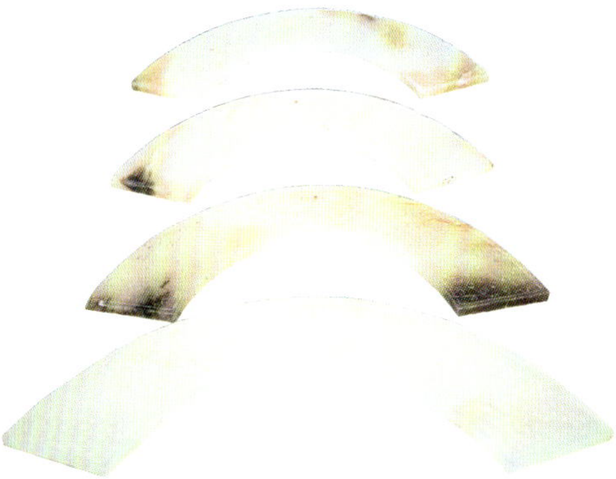

>圭

玉圭是国君所用的“瑞”器，代表君权神授，因是执掌国家最高权力的象征，所以是最重要的玉礼器。

圭有两种形状，一种是方头（或说平头），顶端平直，很像石斧，叫“平首圭”。在新石器时代出土的石斧中也有与后世“平首圭”很相像的。殷商石斧和新石器时代石斧在形制上也没有什么区别。出土的西周“平首圭”和殷商时代“平首圭”也完全一样。这些情况表明“平首圭”的形制源于石斧。

另一种是尖首，头部略呈三角形，很像古代的戈，叫“尖首圭”。“尖首圭”是尖首圭形器，顶下面有两个长边，不是垂下来了，也没有顶与身间的曲折，两根斜线自顶斜垂下来，圭之形状很像一个狭长的三角形。

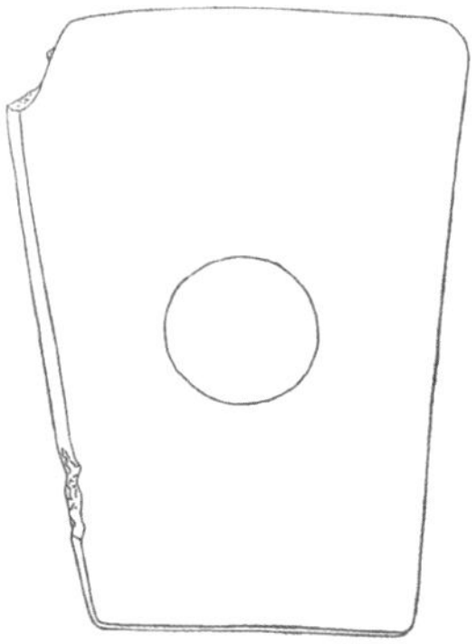

◆ 平首圭

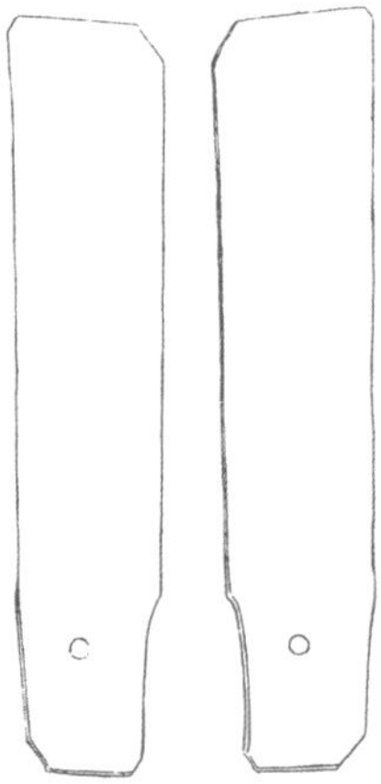

◆ 大圭

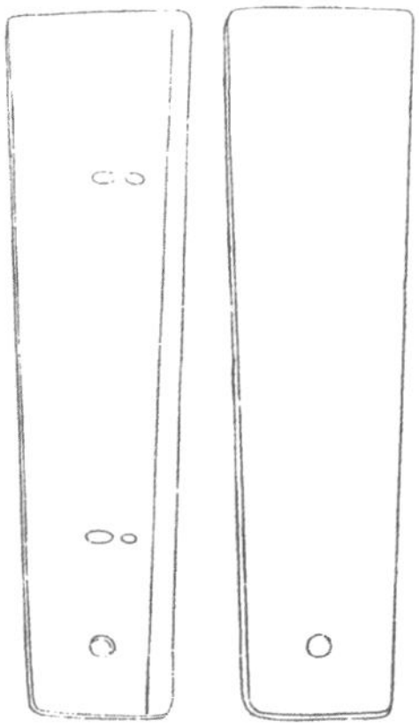

◆ 镇圭

作为玉礼器的“六瑞”之一的圭，是国家级的礼器，在不同时代与地区，或同一时代同一地区，往往有不同功用。圭在《周礼》中有十多种名称，分别用于朝觐与相会时的玉礼器、祭神的礼器、殓尸器、测量器具。

以“圭”作朝觐与相会时的玉礼器，如天子手执的“镇圭”为一尺二寸长，公执的“桓圭”为九寸长，侯执的“信圭”长七寸，伯执的“躬圭”长七寸。另有用于分封邦国的“圭”，即“守圭”，具有“守国土”、“守权力”之寓意。

◆ 玉圭（商代）

◇ 镇圭

镇圭是天子接受诸侯朝见时所用的执玉。《周礼·考工记·玉人》载：“镇圭尺有二寸，天子守之……天子圭中必（孔）。”可知镇圭长一尺二寸，大于其他的玉圭。清末吴大考证，镇圭是“平首圭”，长首，方头，顶端削薄如刃，中部有圆孔。

◇ 桓圭、信圭、躬圭

这种圭是西周时由周天子发给诸侯的“瑞”器，证明其拥有镇守一方的权力，又叫“命圭”（是任命的意思）。由于拥有镇守一方权力的诸侯只有公、侯、伯三个等级，所以只要三种就够用了。这三种圭的式样相同，只是尺寸不同，《周礼·考工记·玉人》载：“命圭九寸，谓之桓圭，公守之；命圭七寸，谓之信圭，侯守之；命圭七寸，谓之躬圭，伯守之。”

◇ 青圭

青圭是周天子举行国礼，祭祀东方之神所用的玉器。在西周时，东方之神是青龙，所以要用青色的玉圭。

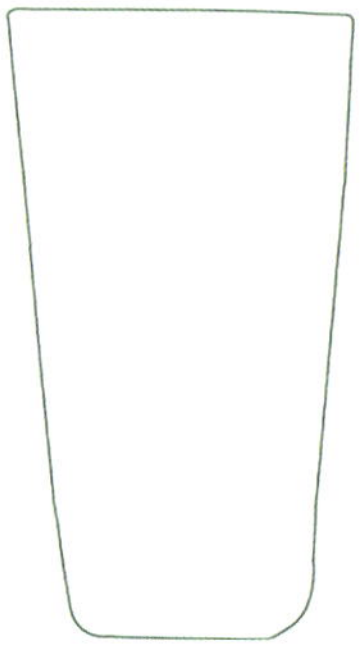

◆ 青圭

＞瑁

西周时，天子会见诸侯时所执之玉为瑁。按西周礼仪要求，每逢朝会时，诸侯要拿着自己的“瑞”上朝，面见天子，天子也要拿着他的“瑞”，但国王的“瑞”——大圭，是国家政权的象征物，只有大典才用，平常是不便拿出来用的；但天子召见诸侯时又不能不执玉，所以又做了一件小型的“瑞”，作为朝会时接见大臣的用玉，这件“瑞”取名“瑁”。《周礼·考工记·玉人》载：“天子执四寸，以朝见诸侯。”文中没有说“瑁”的形状，由于最高级别的“六瑞”都是圭，所以，天子使的“瑁”，也不会是其他形状，应当是一种尺寸较小，做得更精致的圭。

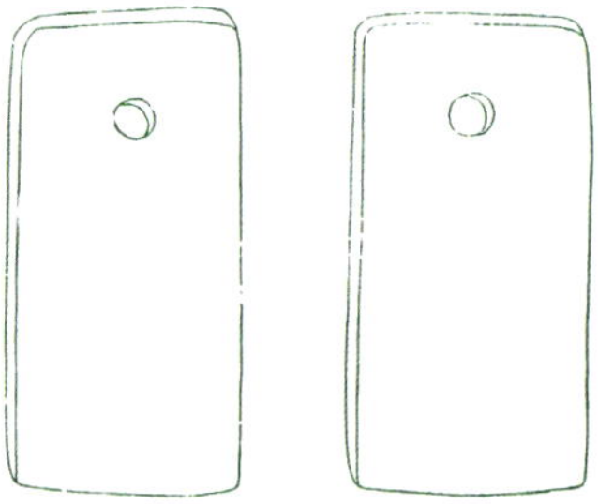

◆ 瑁

璧

璧的基本形制是圆形、板状、居中有一个小圆孔。但这种形状的玉器除璧之外，在西周时尚有玉瑗和玉环。怎么区分它们呢？《尔雅》说：“肉倍好谓之璧，好倍肉谓之瑗，肉好若一谓之环。”文中的“肉”，是指璧的环状部位；“好”是指中间的圆孔。所以“肉倍好谓之璧”是说，玉的环状部位的宽度大于中间孔直径一倍以上者，是玉璧；“好倍肉谓之瑗”是说，中间圆孔的直径大于玉的环状部位一倍以上者，这就是瑗；“肉好若一谓之环”是说，如果中间孔的直径与玉的环状部位等同者，就是玉环。但实际上《尔雅》之说与出土物不相符，而且“好”、“肉”之比也有歧义，所以，夏鼐先生认为瑗、环、璧不必分，都是属于璧类。

璧的起源有多种说法，其中较有说服力的是日本学者滨田耕在《古玉概说》中所说：“若说中国的璧是由环状石斧变化出来的，最为稳妥。”杨宽在《古史新探》中也说：“璧由环状石斧演变而来，其名为璧（璧的初文作‘辟’），因为环状石斧是劈削器，即取义为它的功效——劈。”古代学者曾认为“璧圆象天”，这其实是后人的附会之词，新石器时代的人们未必有“天圆地方”的认识。从玉璧的纹饰来看，西周时只有苍璧、谷璧、蒲璧三种。存世的玉璧，其上有纹饰的很多，纹饰的种类也很多，有乳钉纹、云纹、兽面纹、龙纹、兽纹、螭纹、圈纹等，也因此有乳钉纹璧、云纹璧、兽面纹璧、龙纹璧、兽纹璧、螭纹璧、圈纹璧等名称。但这些有纹饰的玉璧在古文献中并没有纳入礼器，只是佩饰。

◆ 双龙首玉环（春秋）

◆ 玉璧（齐家文化时期）

◆ 弦纹玉璧（商代）

◆ 玉瑗（良渚文化时期）

◆ 鸟纹璧（良渚文化时期）

◆ 螭龙纹玉璧（宋代）

◆ 玉瑗（商代）

◆ 龙纹玉璧（西周）

◆ 涡纹青玉璧（战国）

◆ 玉璧（战国）

◆ 透雕双龙白玉璧（西汉）

◆ 螭龙纹玉璧（元代）

◆ 鸟纹璧（西汉）

◆ 青玉仿古勾云纹璧（清代）

◇ 苍璧

淡青色没有饰纹的璧，径长一尺二寸，是西周天子用于祭天的玉器。

◇ 谷璧

《周礼·春官·典瑞》记载：“子执谷璧，男执蒲璧。”是西周子爵所执之玉，径长五寸。

谷璧因璧面上刻有谷纹而得名。谷纹的形状很像一个“大逗号”，也可以说是凸起的乳钉纹又加上了一个小尾巴。大多数学者认为谷纹是谷物发芽叶的样子，所以它应和人类赖以生存的粮食有关。

从考古实物来看，在新石器时代晚期墓、商墓、西周墓中出土的多为素璧，未发现过谷纹璧，故知谷纹璧最早出现在春秋时期。战国时期，墓中出土的谷纹璧逐渐多起来。到汉代，出土的谷纹璧数量最多，凡大墓均有出土，说明汉代才是谷纹璧的盛行期。

从工艺上看，春秋谷纹璧上的谷纹不是排列成行的，好像是随机琢制的，只要把璧面填充满就行了。以后才先在璧面上用錾砣浅浅勾出平行线交叉纹，然后在线纹交叉之处，琢出谷纹。这种线纹特点，时代越晚越明显。

◇ 蒲璧

蒲璧是西周时男爵所执之玉，径长五寸。蒲璧因璧面上刻有蒲纹而得名。蒲纹是蒲草编织纹，由三种不同方向的平行线纹交叉组织而成。线纹的间距比较严密，在三种平行交叉线之处，形成了类似乳钉纹的纹样，但又不是乳钉纹。乳钉纹呈圆状凸起，而蒲纹近似六角形，不浑圆，这是蒲纹与乳钉纹的不同之处。

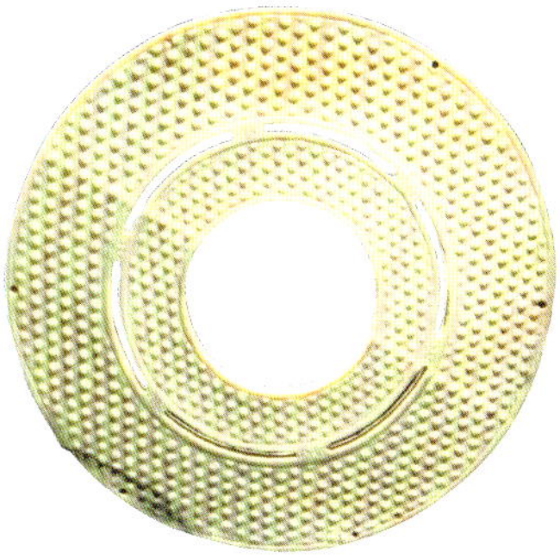

◆ 重环谷纹玉璧（战国）

◆ 谷纹玉璧（西汉）

◆ 青玉谷纹璧（清代）

>琮

琮的形制主要有两类：一类是较高的方柱形，从顶端和底部都有突起的圆筒，圆筒很大，上下相通；另一类是扁方形，从顶端和底部也都有突起的圆筒，中间也有一个大圆筒。琮主要出土于江苏太湖流域的良渚文化和西北地区的齐家文化。

自汉代起，玉琮就很少制作，后来这种玉器就被人们忘记了。在明清时，竟然没有人知道这种器形奇特的玉器到底做什么用的。有人认为高形琮，像是马车轴上的零件，称为“玉头”。后来才知道，这种器形奇特的玉器，竟然是西周时朝廷用来祭地的礼器——玉琮，是大名鼎鼎的“六器”之一。

关于玉琮的来由，有人认为琮源于古代祭祀用玉，最早是用几块玉穿系在一起，后来为了方便起见，遂制成“琮”的式样。也有人认为琮原本是套在手臂上的石制手镯。从考古发掘的实物来看，矮形的玉琮，其形状确实很像手镯。寺墩良渚文化墓地出土的琮形手镯，高4.1厘米，口径7.4厘米。张陵山良渚文化墓地出土的琮形手镯，江苏常熟黄山良渚文化墓地出土的琮形手镯，都是手镯形，外面琢有琮的纹饰，又有外方内圆的琮体特征。后来中间逐渐增加，由一层增至两层以至多层，形成了成琮的形状。由于是由手镯演变而成的，所以它的中孔特别大。对于玉琮的形制，较为统一的意见是：琮的最初形制，是外方内圆的筒状物。有可能是手镯，也可能是套在圆木棒上，作为仪仗用品。也正因为是仪仗用品，用它作为手镯，只会用一两块，用作仪仗用品，可能同时要用好几块，都套在一个大圆木棒上。后来，为了方便，便做成较长的一块。这就是高形玉琮的来历。新石器时代出土的高形玉琮，都是上端较宽，下端较窄的。用纹饰判别上下。至于为什么要做成这种摆放不稳的形

◆ 神像飞鸟纹玉琮（良渚文化时期）

◆ 神像纹琮（良渚文化时期）

◆ 玉琮王（良渚文化时期）

◆ 神像纹琮（良渚文化时期）

◆ 琮形玉饰（良渚文化时期）

◆ 琮（商代）

◆ 兽面纹玉琮（商代）

状，目前尚不得而知。或许只有一个解释：高形玉琮根本不必直立摆放。

为什么要把玉琮在套圆木棒上？一种可能是古代部落的仪仗。另一种可能是古代部落要祭祀祖先、神灵，玉琮则是祖先、神灵的象征物，套在圆木棒上，就成为祖先、神灵的牌位。

在一个圆木棒上套几个玉琮，可能先套上的较小，逐渐增大。最上面的一个玉琮是最大的。

从纹饰上来看，新石器时代的玉琮，以兽面纹居多，上大下小，这似乎是良渚文化玉琮特有的一种形态，但没有被商代所承袭。

从甘肃仰韶文化遗址、西周的考古遗址中出土的玉琮，大多是形制较低矮，光素无纹者的。

由于玉琮的基本形状是方形，如果是有纹饰的琮，纹饰也就琢在琮的四壁上。

新石器时代的玉琮，其用途目前尚不能够确知，上述用途只是一些猜测而已。

● 名词解释

射：玉琮上面口径。

瑑（zhuàn）：是琢的本字。《乐雅》：“治玉谓之琢，亦谓之雕。”

驵（zǔ）：指玉琮上的丝带。驵琮，即系着的丝带的玉琮。

◇ 黄琮

黄琮是周天子礼地所用的琮。用黄玉制成。西周时有“天圆地方”之说，琮为方形，礼地当然合适。又按五行之说，中央属土，土色黄，故用黄琮。这是讲西周时琮的用处。

◆ 六节玉琮（良渚文化时期）

◇ 大琮

据《周礼 · 考工记》所载，大琮是周天子之妻所用的“瑞”，因古代有“男主外，女主内”之说，故又名“内镇”。《周礼 · 考工记》：“大琮十有二寸，射四寸，厚寸，是谓内镇。宗后守之。”

诸侯夫人也有一块高八寸的琮，这就是证明诸侯夫人身份的“瑞”。《周礼 · 玉人》：“琮八寸，诸侯夫人享之。”（注：是琢，不是琮的名字）

◆ 琮（齐家文化时期）

◇ 驵琮

《周礼 · 玉人》：“驵琮五寸，宗后为权。”

《周礼 · 玉人》：“驵琮七寸，鼻寸有半寸，天子以为权。”

◆ 仿古兽面纹玉琮（清代）

＞璋

璋的形状通体为板状，没有刃部；斜边是刃部；两边的中央有脊凸起，至边处则渐渐平了。一面有脊，一面为平板。很像是将玉圭的上部削去后的样子，故有“半圭曰璋”之说。

璋的出土品极少，仅江苏吴县张陵山良渚文化遗址出土过一件新石器时代的“璋形玉饰”，其形为不规则的“半圭”。

按照《周礼》记载，西周时属于礼器的璋有五种：赤璋、大璋、中璋、边璋和牙璋。

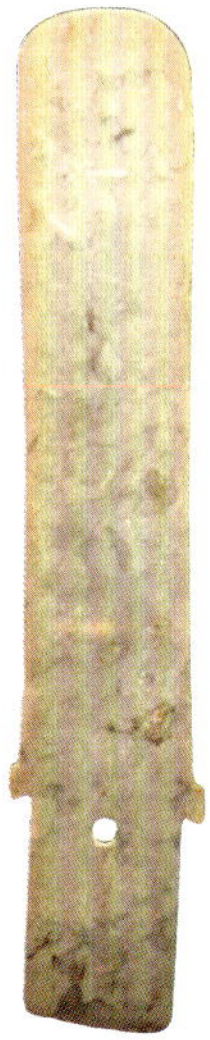

◆ 玉璋（红山文化时期）

◇赤璋

周天子祭祀南方之神，要用赤玉制成的璋。由于软玉没有红色的，因此制作赤璋的玉材，大约是红玛瑙。红玛瑙很早就有“赤玉”或“火玉”的别名。

◇大璋、中璋、边璋

这三种璋是一组，尺寸有大小之分，是天子巡狩时，祭祀山川之神所用的玉礼器。《周礼·玉人》：“大璋中璋九寸，边璋七寸，射四寸，天子以巡守。”天子在巡狩途中，遇到大山川要祭祀一番。所用的祭品，有时候就用玉璋。如果是祭山神，祭祀之后要把玉璋埋起来，古时候叫“薶”；如果是祭水神，祭祀后要将玉璋沉入水中，古

◆ 玉璋（春秋）

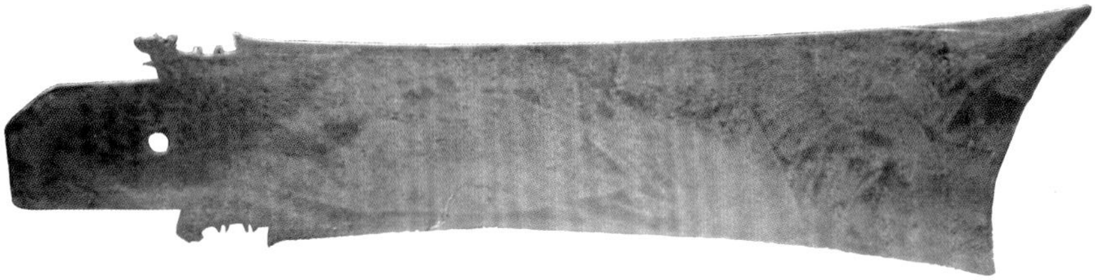

◆ 玉璋（商代）

时候叫“沉”。

璋的形制依时代略有不同。西周时，形体比较宽。东周以来，形体多狭长，也有下部较粗的，而不呈长方形。侯马东周盟誓墓出土的玉礼器，大都形制草率，所出两件璋，仅形似而已。

大璋除了祭祀时用之外，还是诸侯女儿出嫁时要用的信物。《周礼·玉人》：“大璋亦如之，诸侯以聘女。”

牙璋属节符器，请参见本书“节符器”一节。

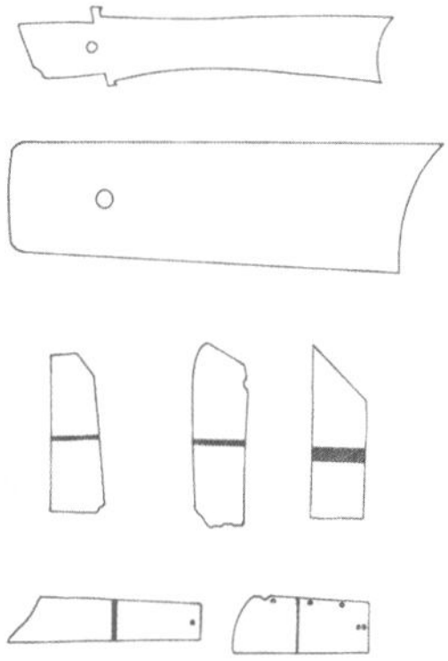

◆ 玉璋

＞璜

璜的形制，一般都说“半璧曰璜”。但这不是璜的来由，而是后人看了它的形状之后的认识。最早的璜并不是这种形状。例如巫山大溪文化出土璜31件，形状可以归为五种式样。安徽潜山县薛家岗新石器时代遗址出土的玉璜有扇形、半环形、半月形、近似半月形、半圆形。河姆渡文化玉璜较小，有半璧，1/3璧及桥式几种。崧泽遗址出土的玉璜多为1/3璧形，两端平直，璜体宽而薄，形状有桥形、半环形、半璧形几种。良渚文化的兽面大玉璜较大，较宽，近于半璧，璜表面有多层次的浅浮雕雕出的兽面纹，兽面周围饰有极纤细的阴线刻出的复杂的纹饰。商代璜大多数是1/3圆璧形，只有少数璜是半璧形状的。西周璜的器形与商代相差不多。白草坡西周墓出土的一件璜，体短而宽，上有小孔。沣西西周墓出土的两件璜，一件较宽，一件较细，都没有纹饰。

战国时期，璜的形制有了很大的变化，一般做成龙形、虎形、鱼形，做工也尽善尽美，是中国历代玉璜中最好的。例如中山国出土的两件璜，一件是青玉虎头

◆ 玉璜（崧泽文化时期）

◆ 玉璜（崧泽文化时期）

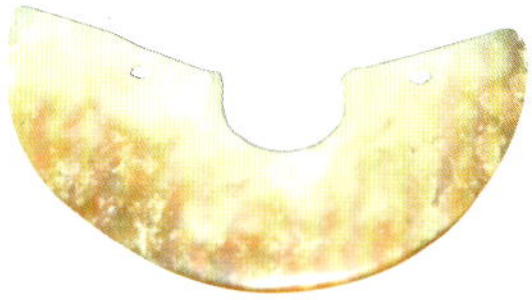

◆ 玉璜（崧泽文化时期）

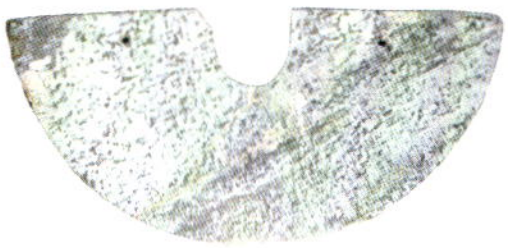

◆ 玉璜（良渚文化时期）

◆ 谷纹璜（战国）

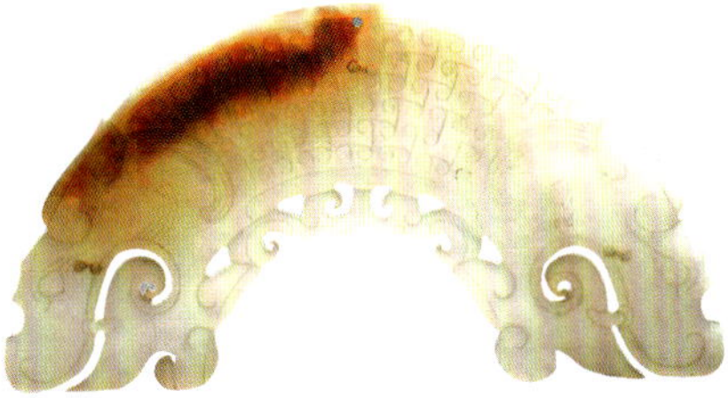

◆ 双龙首玉璜（战国）

◆ 双龙首玉璜（春秋）

璜，两端是虎头；另一件是白玉云纹璜，器身上饰有云纹，边上有棱齿，两端为兽头。辉县战国墓出土的璜，两端为龙头，器身上饰有云纹。洛阳金村战国墓的璜，一件雕为龙形，龙身蜷曲呈W形，两端为龙头，作回视观望之状；另一件一端是龙头，另一端却是鸟头，龙头有耳无角，较为宽大，鸟头较小，纹饰用凹线纹，做工也很精致。

玉璜的用途有两个：一是用来祭祀北方之神，二是用于装饰。从考古发掘来看，在殷商时代，许多璜都是作为佩饰品的。

《周礼》上说，祭祀北方之神的礼器是“玄璜”，即用黑色玉（墨玉）制成的璜。由于《周礼》中没有说到尺寸和纹饰，也可能是没有固定的规格尺寸，也许其上没有纹饰。

◆ 玉璜（西汉）

◆ 兽面鸟纹璜（良渚文化时期）

◆ 交龙纹璜（西周中期）

> 玉琥

西周时，玉琥作为礼天地四方的“六器”之一，所以玉琥当是有虎纹或虎形的玉饰。但商代玉琥，大多为艺术品，并不是礼器。例如殷墟1001墓出土的“大理石虎形玉雕”，老虎是像人一样跪坐的姿势，眼睛是目雷纹，这是商代最常用的眼形之一，常用于玉兽和玉人上。这只石玉琥的左右臀上，还各有一个目雷纹。全身的其他地方都饰有云纹。殷墟妇好墓中出土8件玉琥，有片状浮雕的，也有圆雕的，但都有穿孔，可以穿系绳子佩带，既可当玉佩，亦可为玩物或陈设品，应属装饰品和艺术品类，并非作为发兵或祈旱之用，也不是仪礼中使用的瑞玉。西周时，玉琥才正式列入“六器”，但从考古发掘来看，西周琥出土并不多，多为平板状。

玉琥的用途，据《周礼》记载，有“礼西方”和“祈旱”之用，同时也可作为发兵的凭证——虎符。春秋玉琥出土很多，也是片状，常成双成对。《说文》释其为发兵瑞玉，为合符。战国考古发掘，发现了不少玉琥。美国明尼苏达美术馆、美国福格美术馆、美国富弗瑞尔美术馆都收藏有战国玉琥。《左传·昭公三十二年》

◆ 青玉虎形饰（西周）

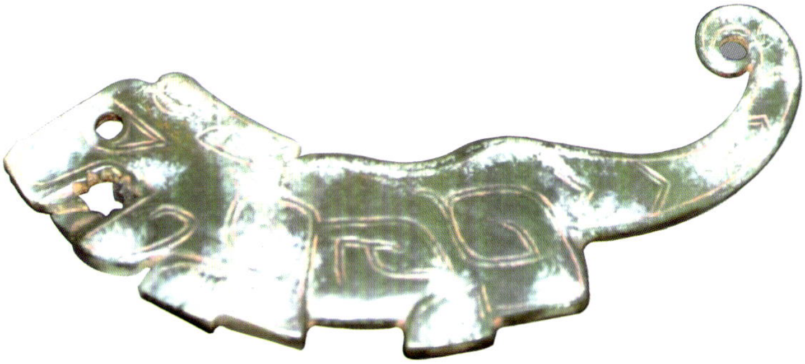

◆ 虎型玉饰（商代晚期）

◆ 玉琥（商代）

载："赐子家子双琥。"孔颖达疏曰："盖刻玉为虎形也。"故汉代的经学家们谓琥是虎纹或伏虎形的玉器。

夏鼐先生认为玉琥之名不符合实际情况，因为出土的玉琥一般都为薄片玉制成，虎形，屈身，近似玉璜之形，故应为"虎纹"器。有孔者，可称为"虎形玉佩"；无孔者，是为玩物或陈设品。

＞玉磬

从商到清，都有玉石精制成组的打击乐器，称"编磬"。编磬是按音阶制出大小厚薄不同的"磬"，编排成组悬挂起来，供演奏之用，为古来宫廷礼仪大典必备的礼乐器，并常与青铜"编钟"合奏。

◆ 玉磬（清代）

玉符 玉节

符和节是两类做法不同的朝廷信物，但都是表示持有玉符和玉节的人是由朝廷派出的，负有特定的使命。

存世玉符有虎符、鱼符、龟符、麟符、鹤符等。

西周“瑞节”有五种：珍圭、牙璋、谷圭、琬圭、琰圭，并各有用途。

> 玉符

符，是朝廷重要的证信之物。符的形制特点是：不论为何造型，都采用“分而相合”的办法，即把一器剖分为两半，朝廷派员驻守外地，便把这符的一半，交他带去，这就是“分”；以后如果朝廷有命令下达，去传达命令的人就要拿着朝廷收藏的一半，作为信证。驻外官员把两片一合，是一个完整的符，便知所传命令确实是朝廷所发。这就是合符的使用方法。

为了防止伪造，符上还刻有文字，文字的布置有两种形式：

第一种叫“质剂”——郑玄在注解《周礼·小宰》时，解释这两个字时说“两书一札，同而别之”。也就是说，两段相同的文字分别列在两处。

第二种叫“傅别”——郑玄在注解《周礼·小宰》时解释这两个字时说“为大手书于一札中字别之”。就是说，把列在器物上的字，从中割开，每片上各存半行字，两片合起来时，才是一行完整的字。

符上的字，都照上述两者之一排列的。

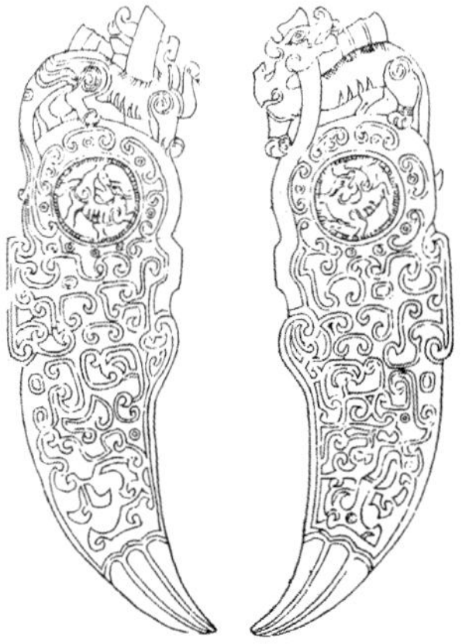

◆ 玉麟符（隋代）

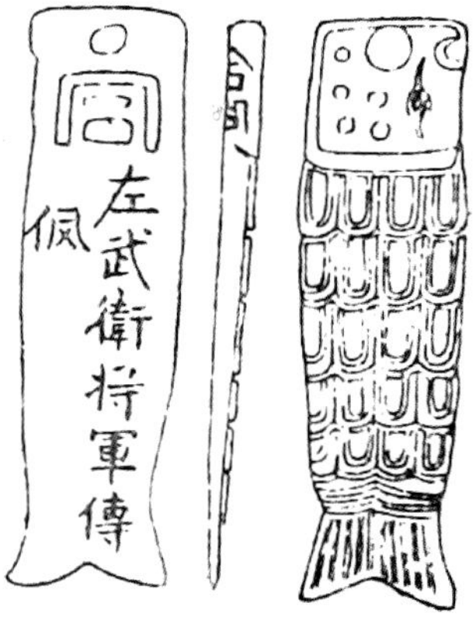

◆ 玉鱼符（唐代）

>玉节

玉节是完整单一的玉器，不像玉符器那样是“分而相合”的。玉节的用途《周礼》说得很清楚。《周礼·地官·掌节》：“掌守邦节，而辨其用，以辅王命。守邦国者，用玉节；守都鄙者，用角节。”《春官·典瑞》注说：“珍圭、牙璋、谷圭、琬圭、琰圭，王使之瑞节。”这五种“瑞”节，都是单身一器，并不像“符”那样是合二而一的。

《周礼·春官·典瑞》记载：“珍圭以征守，以恤凶荒；牙璋以起军旅，以治兵守；谷圭以和难，以聘女；琬圭以治德，以结好；琰圭以易行，以除慝。”

西周天子要委派某位大臣去执行这五项任务中的某一项时，前去传达王命的人要按照所传命令，手执一个代表这项任务的玉节，前去宣布。接受王命的大臣看到“玉节”，也就知道这个前来传王命的人，确实是天子委派来的，如果所传的命令与“玉节”的种类相符，则是真的王命。这就是玉节在西周社会中的具体作用。

>珍圭

《周礼》说其用途是“以征守”。“守”，是指在京外供职的官。朝廷有事，需要他回来时，就要派人去征召他，这个派去传达征召命令的人要拿一件珍圭，作为凭证。

“以恤凶荒”，凶与荒，是代表地方上出现的不幸事件。例如河道决口、蝗虫肆虐等，都是属于“凶”；旱灾、水灾，会严重影响农作物的收成，会使人没有饭吃，属于“荒”。因此，某个地区遇到凶、荒，周天子要委派大臣去做救济工作，这个被派去的大臣要拿着珍圭，以示他是奉周天子的命令去工作的。

珍圭的形制、尺寸，《周礼》中没有说明，郑玄注解说：“珍圭，王使之瑞节，则大小当与琬、琰相依。”如果珍圭是依西周之制，自然应是“平首圭”。

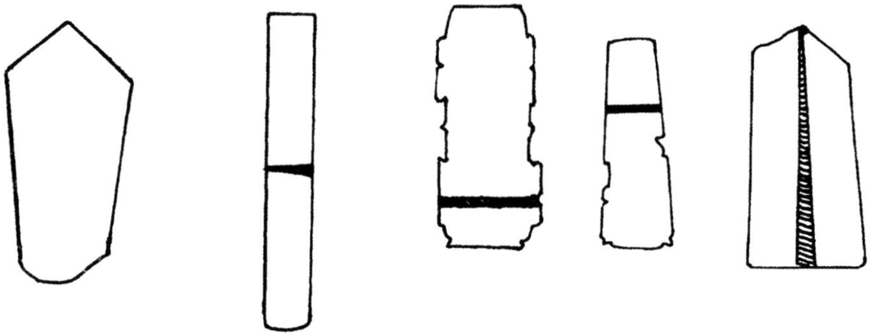

◆ 玉圭（西周）

> 牙璋

《周礼·典瑞》：“牙璋以起军旅，以治兵守。” 故知西周的牙璋是调动军队的凭证，是一种很重要的玉节。牙璋的使用，与军事有关系，军队的调遣关系重大，五种玉节中，它可能是最重要的。

东周以来，出土了大量的牙璋，形状多狭长。有孔的玉璋很少见，上村岭一件，近下端处有孔。河南辉县琉璃阁出土过一件，左上角处有一孔，更是少见的品种。

宋人《三礼图》中画有一件“璋邸射”的图样，认为是玉璋的一种式样。后来有学者考证后认为这张“璋邸射”图，是古人望文生义绘制的。

清末吴大澂《古玉图考》对牙璋的形制有较详细的描述：“牙璋以起军旅，以治兵守，故与戈、戚之制略同。首似刀而两旁无刃，世俗以为玉刀，误矣。圭、璋左右皆正直，此独有旁出之牙，故曰牙璋。”郑司农云：“牙璋，以为牙，牙齿，兵象，故以牙璋发兵，若今时以铜虎符发兵。”

《周礼·考工记》说：“牙璋、中璋七寸，射二寸，厚寸。”因此，牙璋的形制，可归为两点：第一，牙璋的形状像圭，上端有一斜边，即所谓的“射”；第二，牙璋与其他的璋不同。吴大澂说：“圭璋左右皆正直，此独有旁出之‘牙’，故曰牙璋。”《周礼》郑注也说：“牙璋，以为牙，牙齿兵象，故以牙璋发兵。”

美国明尼苏达美术馆的收藏，两长边无刃，刃在斜边（射）上，孔的两旁，各有一齿牙，这件器物是合乎牙璋之制的。

郑州二里岗商代墓出土的一件“牙璋形器”，通长66厘米，宽13厘米，厚0.4厘米，近孔处有戚齿。河南辉县战国墓也出土了一件牙璋，长14.6厘米。

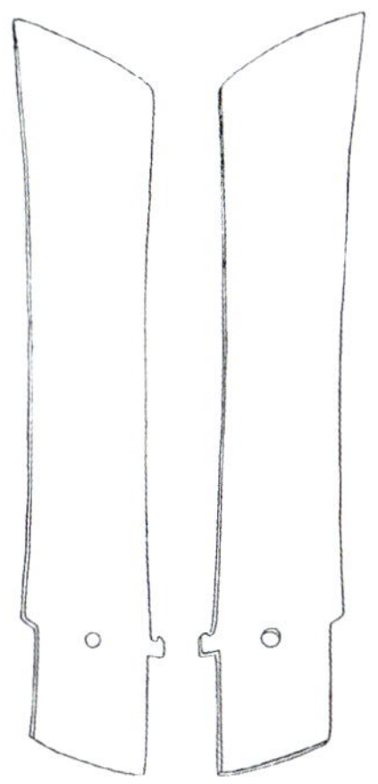

◆ 牙璋

>谷圭

谷圭，是雕琢有谷纹的圭。所见有谷纹的圭，多是尖首圭。由于谷纹与尖首圭都在东周盛行，故这样形制的谷圭应当是东周之器。谷圭的尺寸，《周礼·考工记》说它是七寸。

谷圭的用途，在《周礼·考工记》说是“天子以聘女”，在《周礼·典瑞》中说是“以和难，以聘女”。注云：“谷圭，亦王使之瑞节。谷，善也，其饰若粟纹然。聘女则以纳证焉。”

谷圭的第一个用途是“和难”。诸侯间一旦有了纷争，周天子要派大臣前去调停，此大臣要持一枚谷圭前去，以此证明他是奉周天子之命前来的。

谷圭的第二个用途是“天子以聘女”。《周礼·典瑞》贾疏：“聘女亦和好之事，故用善圭。婚礼有人，五礼用雁纳证，不用雁，以其有束帛可执。证成者，春秋谓之纳币。”天子聘女儿，用一个七寸长的谷圭去纳证。

＞琬圭

琬圭是上端浑圆的圭，西周制礼，规定琬圭采用似石斧的式样。琬圭的形制，《周礼·典瑞》说：“琬圭，九寸，而缫，以象德。”

琬圭的用途，《周礼·典瑞》说：“琬圭，以治德，以结好。”郑司农对这话的解释是：“琬圭亦王使之瑞节，诸侯有德，王命赐之，使者执以致命焉。结好，诸侯使大夫来聘，为坛会之使，大夫执以命事。”文中所说“以治德”、“以结好”是两件事，也就是说，琬圭有两个用途：治德——诸侯有了善行，天子会派一位使者拿着琬圭，去传达他对诸侯的嘉勉和赏赐；结好——诸侯间设坛修好，天子会派使者去参加，去的人手中要拿一个琬圭。

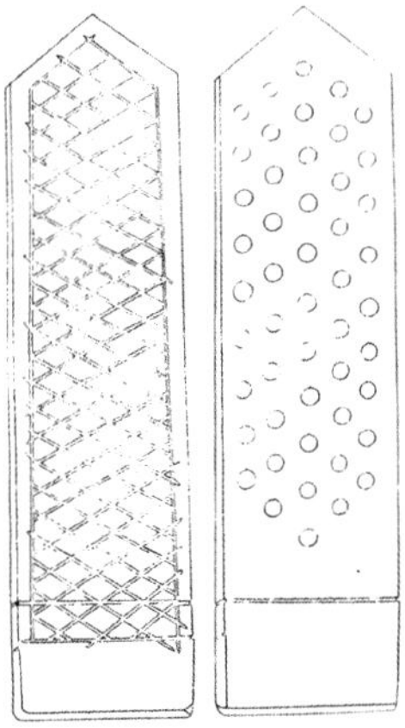

◆ 谷圭

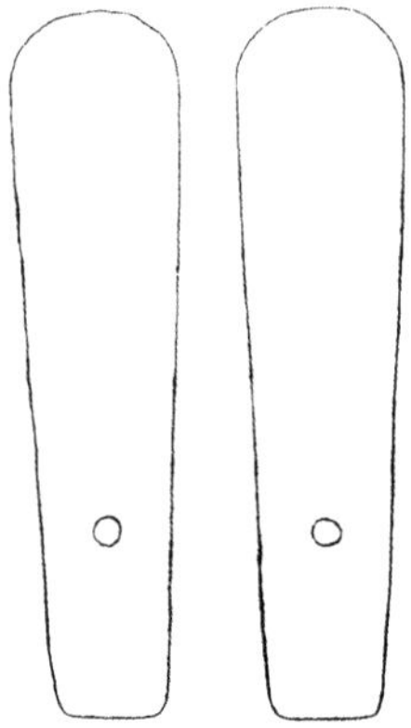

◆ 琬圭

＞琰圭

西周玉器，琰圭的形状，是把圭的上端，做成当中凹下、两角突起的弯月形，这种形状是为了显示这种圭的使用，是有处罚、儆戒的味道。吴大澂《古玉图考》著录的琰玉，是圭形，只是上端微微凹下而已。《考工记・玉人》载："琰圭，九寸，判规。"《周礼》郑注的解释是："判，半也。明半以上琰至首，规半以下为瑑饰。"吴大澂认为："其制上作半月形。"

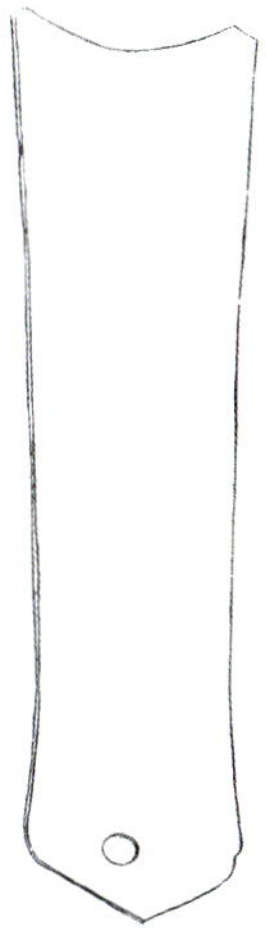

◆ 琰圭

琰圭的用途《周礼・典瑞》说得很清楚："琰圭，以易行，以除慝。"意思是说，诸侯做错了事，天子派人拿着琰圭去责告他，希望他改正，这就叫"易行"；"除慝"，是希望能去掉他的邪心。看来琰圭也是有特殊用途的玉礼器。

＞环、玦

◆ 穿云龙纹玉环（西汉）

环与玦，有时具符节作用。环与玦，在器形上有些区别，环是完整的环形，有一个缺口。《广韵》说："逐臣待命于境，赐环则返，赐玦则绝。"逐臣，是被君王放逐到边疆的大臣。到了一定的期限（依例是三年），朝廷要派人来下达命令。前来传令的人只拿一只“玉环”或一只“玉玦”。如果出示“玉环”，这就是说准许这个大臣回来了，这是利用“环”与“还”同音；如果示之以玦，那就是这个大臣没有得到赦免，仍然要留在边疆，这是利用“玦”与“绝”同音。这是玉环、玉玦作为符节器的用途。但它们的主要用途，仍是佩饰。

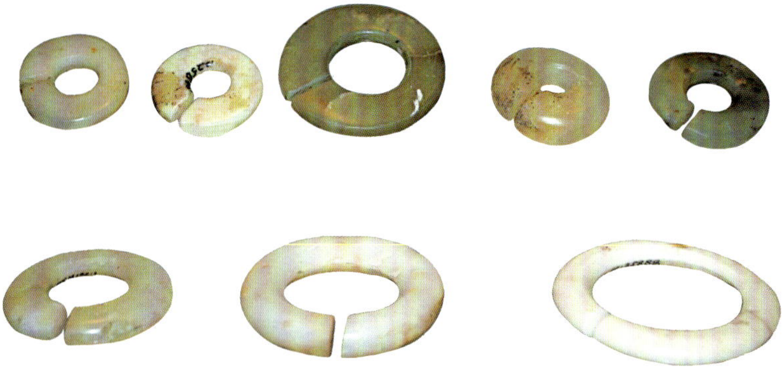

◆ 玉玦（马家浜文化时期）

◆ 蟠龙玉环（西晋）

◆ 双线鳞纹龙形环（西汉）

THE FORM OF JADE ARTICLES

礼仪用玉

以等级制为核心的西周用玉制度涉及各个方面，其中，礼仪用玉是举行仪式大典所用的玉制器物。这些玉器是天子、诸侯在祭祀天地四方、祖先神祇的仪式上所用。《礼记·明堂位》记载了在祭礼活动中用以礼天地四方之外的其他玉器："季夏六月，以礼祀周公于大庙……灌用玉瓒大圭，荐用玉豆雕，爵用玉盏仍雕，加以璧散、璧角……"依据其注，我们知道，瓒是以玉为柄的勺形器，而"璧散"、"璧角"为何物，目前尚无定论。

考古出土的礼仪用玉并不多，而古籍上记载的并不少。这些礼仪用玉器，名称、形制与青铜礼器大体相同，不过青铜礼器中的鼎原本是烹饪器，自然是没有用玉仿制的。但簋、豆、壶、匕、觯、罍、瓿、觚、卣、羽觞、盂、盘等，却有玉制品。

> 玉簋

簋（guǐ）是用于盛黍、稷、稻、粱等饭食的器具，在青铜礼器中，簋仅次于尊，与鼎配套使用。据记载，天子用九鼎八簋，诸侯七鼎六簋，大夫五鼎四簋，元士三鼎二簋。出土时所见簋也是以偶数组合为多。

玉簋比铜簋更加珍贵。早期只有妇好墓出土两件精雕细琢的玉簋，颇为稀罕。一件玉色白有黄斑，高10.8厘米，口径16.8厘米，壁厚0.6厘米，侈口圆唇，腹部微鼓，圈足，口沿下饰三角形纹，腹部饰三组饕餮纹。饕餮阔鼻，“臣”字形眼。上、下夹以弦纹，腹部以下饰菱形纹，圆足饰云纹及目纹。

另一件玉簋，绿色玉质，高12.5厘米，口径20.5厘米，壁厚1 ~ 1.6厘米，直口平沿，方唇，微鼓腹，圈足，腹部有4道竖直扉棱，口的下方饰有两周凸弦纹，腹部饰波形雷纹，圈足上亦饰云纹和目纹。

这两件玉簋做工极精，是祭祀的礼器。

◆ 乳钉纹龙耳簋（明代）

玉盘

在古代，盘是行“沃盥之礼”的用具。行沃盥之礼时，有人拿着盛水的“匜”，向洗手的人的手浇下，洗后的水便用盘子接住。所以说盘是“承盥水者”，属盥洗器，也可以盛冰。商代晚期才流行青铜器“盘”。西周中期时“盘”与“盉”配用，西周晚期，则“盘”、“匜”配用。战国时因“沃盥之礼”渐废，盘被“洗”取代了。所以作礼器的玉盘并不多见。殷墟第1001大墓、殷墟妇好墓都出土过玉盘。妇好墓出土一件玉盘，高4.3厘米，口径14.6厘米，白玉质，口部呈圆角长方形，平沿折腹圈足，腹部饰弦纹一周，圈足上镂有“十”字形孔。

清代制作的玉盘较多，大体是餐具，不属于玉礼器之列，并以痕都斯坦式玉盘最有特色。

◆ 云龙纹葵口玉盘（唐代）

◆ 青玉盘（清代）

◆ 乳钉纹匜（清代）

> 玉匕

玉匕是盛饭用的勺，也叫“柶”。在古代，匕和勺的用途不同：匕是取食物的工具，勺是喝汤用的。辛村出土的一件“匕”，形状和现代的饭勺相同，制式较狭长，雕刻花纹很精美。

◆ 青玉匕柄（春秋）

> 玉罍

玉罍（léi）是大盛酒器。罍是大型贮酒器或装水器，基本形制是敞口、宽肩、肩上有两耳，正面腹下有环鼻（可系绳提起，便于倒酒），圈足。商代晚期始有铜铸，春秋中期流行，战国逐渐绝迹。

玉罍有圆形体、方形体两种；也有的部分为圆器方作；也有的有形状似屋顶的盖。春秋时期，罍的器形变矮，小口短颈，宽肩，腹下敛，平底成微凹，肩上有两耳，多衔环，无鼻纽。

圆罍有5种基本式样，方罍有4种基本式样。

> 玉瓿

玉瓿（bù）的形状与玉罍相同，只是更小些。妇好墓出土有一件玉瓿。

> 玉卣

卣（yǒu）是在古代盛高级香酒的酒具，宋人定名为卣，至今沿用。基本形制为瓜瓢，多为圆口或椭圆形口，深腹，圈足，有盖，有提梁。西周时简化成圆筒状。

玉卣多为椭圆体，腹宽大而口小，有盖及提梁，圆足，是盛酒之器。清代仿制之器，通高19厘米，颇肖真。

◆ 青白玉凤首衔梁卣瓶（清代）

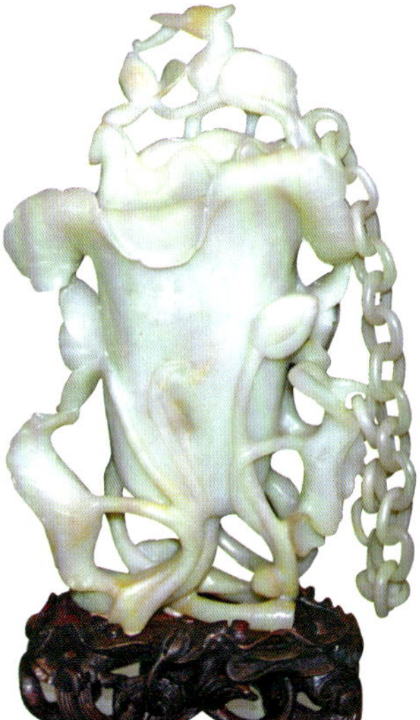

◆ 青白玉鹭鸶衔莲荷叶形卣（清代）

> 玉角

角是温酒、饮酒器，形似爵，但无柱，原为兽角雕成酒器，后用青铜仿造。《礼记·礼器》载：“宗庙之祭，尊者举觯，卑者举角。”可知角是地位较低的贵族使用的酒器。

玉角，存世之器，时代大都较晚，汉代南越王墓中出土的玉角，是仿铜角之形，杯口为圆形，杯身越往下越细，至下部成为缠丝状尾，向上折回，顶部分叉卷向两侧，杯身饰阴线双钩及浅浮雕勾连云纹并螭纹，螭嘴细长如锥。

> 玉觯

玉觯（zhì）是仿青铜器的造型。古时将觯与爵、角、觚、斝并称为“五爵”。

觯形似尊而小，侈口；角之形似爵，而口的两端尖锐，没有流。吴大澂《古玉图考》著录一件玉觯，肩及颈上有纹饰，他说：“余所得玉觯，玉色古朴，土色斑斓，制作之精，与铜觯无二。”美国明尼苏达美术馆藏一件玉觯，与吴氏所藏形制相同，只是纹饰较多。

殷墟妇好墓出土一件玉觯，有盖。

◆ 乳钉兽面纹觯（明）

玉觚

觚（gū）是饮酒器，在考古中常与爵同出。觚的基本形制为侈口、束腰、长身，口和足部似喇叭口状。现今通称为觚，乃沿用宋人所订之旧名，商周之觚铭中皆无自名，但据形体定为饮酒器，还是可信的。

玉觚大都仿古铜器而制，没有见到很古的。清代用玛瑙所仿制的玉觚，腰间还加雕了一条龙。

玉敦

玉敦是古代诸侯歃血结盟时所用的器具，《周礼·玉府》载："若合诸侯，则共珠盘玉敦。"

玉羽觞

玉羽觞是一种椭圆形的杯子，两边各有一长耳，器形仿自铜羽觞或漆羽觞。有人看到它的俯视形，好似人面，旁边又各有一长耳，又称它为"人面洗"或"耳杯"。

◆ 青玉耳杯（清代）

玉羽觞，是玉杯的一种杯式，没有其他特殊用途。青铜羽觞，是温酒器；漆羽觞，是酒器。东晋王羲之《兰亭序》中有“曲水流觞”之句，是请那些参加修禊的人，分别坐在一条曲水的转弯处，由童子在水的上游酌酒在羽觞里，然后将羽觞放到水面，任它随波而下，遇到转弯之处，羽觞常会停留不动，坐在那里的人，便可以饮这杯酒。

> 玉简册

玉简册是指连缀在一起雕刻或书写有文字的玉片。在战国中期的辉县固围村魏国王族墓地曾出土玉简册50支，系由带有白斑的青玉片编组而成，片长约22.5厘米，宽1.2厘米，厚0.11厘米。这是目前发现的时代最早、保存最完整的战国玉册。

唐代玉册以北京丰台唐史思明墓出土玉册为代表，汉白玉质，包括哀册和谥册各一套。玉册均作长条形，计44枚（段），长28.4～28.6厘米，宽2.8～3.2厘米，厚1.2～2.1厘米，每册均刻字，行书体，字口填金，上下两端有供穿缀的小孔。

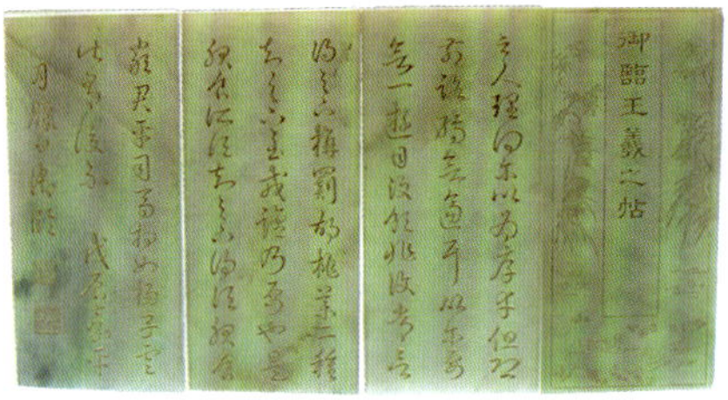

◆ 御临王羲之玉帖（清代）

◆ 玉哀册（南唐）

玉兵器

玉兵器在新石器中期就已经出现，在当时不排除作为砍伐工具使用的可能。但是到了良渚文化时期，就已经成为礼仪之器。玉兵器有玉刀、玉戈、玉钺、玉戚等，称其为玉兵器是因其器形均是出自石器或青铜器同名兵器，但玉钺、玉戚、玉刀、玉戈也属于礼仪用器，广泛地用于祭祀、仪仗活动。

＞玉刀

◆ 刀（齐家文化时期）

玉刀由新石器时代的石刀发展演变而来，一般为扁平状的长方形，有一个钝而粗的刃部，两端有的是斜边，有的是直边，在刀背上有3~7个穿孔。玉刀主要见于陕西石峁龙山文化遗址，基本都是边刃器，背部均有穿孔，2～5孔不等，最长的可达54厘米，其形制与新石器时期的穿孔石刀相同。清吴大澂在《古玉图考》中把这类器物考证为“笏”，似不确。在武进寺墩曾出土有良渚文化时期的双孔玉刀，高6.8厘米，宽2.5厘米，刃宽12.5～13.5厘米，厚0.5厘米，奶黄色透闪石软玉琢成，扁平长方形，对穿两孔。

商代中晚期玉刀多为佩玉，略呈弧形，装饰华丽，刀背饰有连续排列的凸齿，刀面也有复杂的装饰纹。商以后玉刀不多见。

＞玉戈

戈是古代重要的兵器，由“援”（刃部）和“内”（似柄有孔能穿系）两部分组成。形状似刀，一侧有刃，顶端有一尖锋，下端似刀柄的部位称之为内，玉戈的内部有孔，是用来穿绳系于其他器柄之上的，因而称为戈。玉戈出现于商初，长度较长，到了商晚期，长度变短。

商代玉戈有几种类型：（1）宽援，窄内，内部比援部窄许多；（2）援与内等宽；（3）援与内之间有装饰性的凸齿，还一些戈的内部有其他装饰纹样。

一般来看，戈的中部有一条隐起的脊线，脊线两侧微凹，尖部刃与边部刃之间

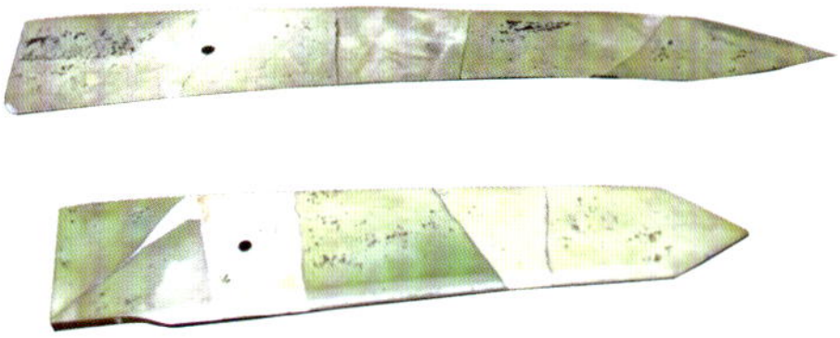

◆ 无阑玉戈（商代）

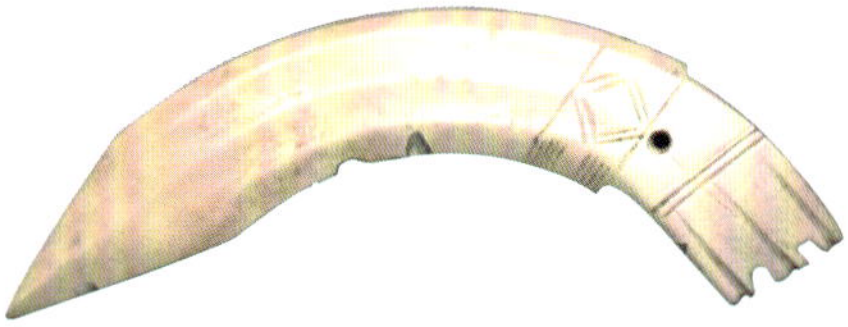

◆ 鸟首形戈（商代晚期）

有一凸起的小隔线。从形状上看，援与内等宽的戈与周代的圭已很近似，因而商代的玉戈或者说部分玉戈是后代尖顶玉圭的祖型。

> 玉钺

其造型源于石斧，呈扁宽片形，多为两面对削的弧形刃，近肩处有穿孔。原为兵器，但精工制作的钺，已失去原有的实用功能，成为礼玉。钺是标志身份的重要礼器，是军事首领的象征物，这种军事权力的象征物正是出现在原始社会末期。

在皇娘娘台齐家文化、陶寺龙山文化和反山良渚文化墓葬中均发现有制作精美、通

◆ 石钺（良渚文化时期）

体磨光的玉钺。余杭反山墓地12号墓出土的钺，由冠饰、钺身和端饰3部分组成，钺身由青色玉磨成，高17.9厘米，上端宽14.4厘米，刃宽16.8厘米、厚0.8厘米，刃部圆弧，有刃角，无使用痕迹，在正反两面刃部上角均有一浅浮雕的神人兽面良渚神徽图案，刃部下角浅浮雕出神鸟图案。

◆ 玉钺（商代）

> 玉戚

玉戚是一种类似石斧形状的古代兵器，中心有圆孔，两侧均有锯齿状扉棱。形状有两种：一种略呈长方形，刃部微弧；另一种背部稍圆，两侧近直，刃分4段，两面直刃，中部钻一大圆孔，又称璧戚。其用途和玉钺一样，是礼玉。

◆ 玉戚（商代晚期）

◆ 玉戚（商代）

葬玉

自原始先民的“灵魂不灭”宗教意识产生以来，形成了以玉殓尸防腐而护“灵魂升天”永存的习俗，大概从战国起形成了一套“葬玉”之制。

葬玉是按照当时葬仪要求而制作，有“瞑目”、“玉衣”、“玉握”、“玉含”、“玉塞”等。在墓葬出土物品中也常见璧、环、瑗等玉器，都是死者生前的用品，或死者生前特别喜爱的玉器，从其性质看是随葬品，不能算是葬玉。由于葬玉是特殊用品，故多为器形简单、光素无纹。葬玉在汉代最兴盛，汉代之后就无此俗。

＞面幕缀玉

人死后入葬时，面部缀以玉片，称为面幕缀玉。这种用玉方式，西周时就已出现，一直延续到春秋。

郑州铭功路春秋墓出土的完整面幕缀玉，是由十数片玉片组成，按照五官位置排列，有眼、耳、鼻、口、眉及脸部其他位置所饰玉片。

1991年在河南三门峡上村岭虢国墓地2001号墓墓主身上还发现了极为罕见的早期缀玉面罩和玉组佩，缀玉面罩由许多琢磨成眉、目、鼻、口、耳形状的玉片组成，以前多发现于春秋晚期和战国时期的墓葬，到汉代时发展成为完整的殓葬用的玉衣，虢国墓地的新发现将玉衣的渊源又上溯了几百年。

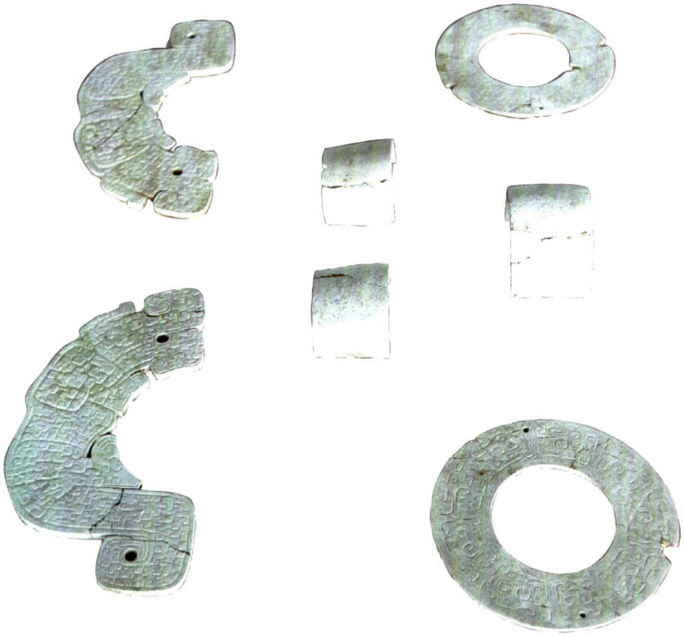

◆ 面幕缀玉（春秋）

＞玉衣

◆ 珠襦玉甲（春秋）

玉衣又叫“玉匣”、“玉押”，为玉制葬服。外观比真人体形略大，专为罩尸体之用。按部位可分为头罩、上身、袖子、手套、裤筒和鞋子六部分。各部分均由小玉片用金丝、银丝或铜丝缀成，故又称金缕玉衣、银缕玉衣及铜缕玉衣。1968年在河北满城汉中山靖王刘胜夫妇墓中出土两件。目前出土玉衣22套以上，属于东汉时期的至少有12套。玉衣仅流行于东汉。曹魏黄初三年，魏帝曹丕有鉴于“汉氏诸陵无不发掘，至乃烧取玉匣金缕，骸骨并尽”，下令禁止使用“珠襦玉匣”。

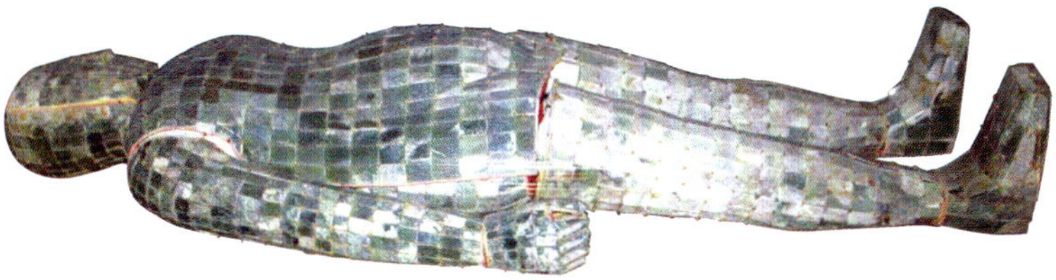

◆ 刘胜金缕玉衣（西汉）

◆ 窦绾金缕玉衣（西汉）

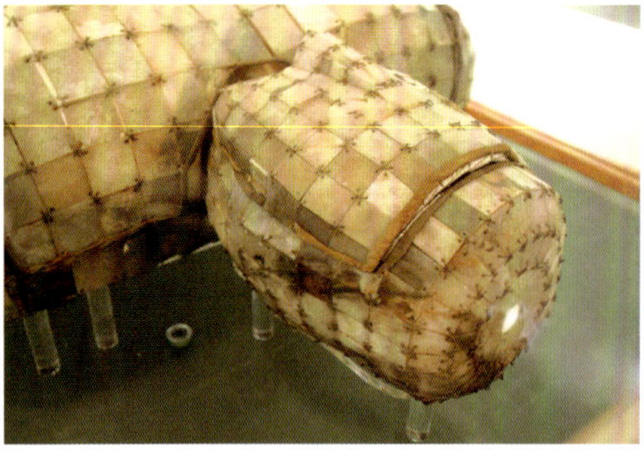

◆ 银缕玉衣局部（东汉）

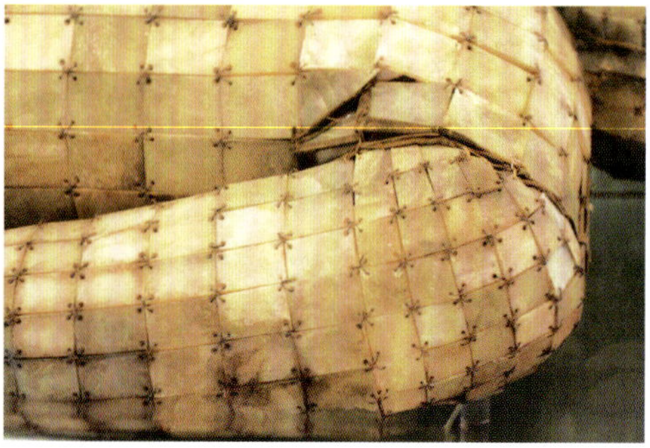

◆ 银缕玉衣局部（东汉）

＞玉塞

汉代有九窍塞，即填塞或遮盖死者身上九窍孔的九件玉器，分别是耳塞2件，眼塞2件，鼻塞2件，口塞、肛塞和生殖器塞各1件。

◆ 七窍玉（西汉）

玉耳珰

玉耳珰有两类，一类是悬于耳旁的饰物，上有小孔；另一类是塞在死者耳中的葬器，其上无孔，以作耳塞之用。

玉含

玉含亦称含玉，是死者含在口中的葬玉，多为蝉形，故又称“含蝉”，在汉墓中发现较多。也有龙形。汉代玉含有三种类形：第一种，极简练，仅为一端方，一端尖，截面为三角形的玉块，蝉的脊部头与身的分界处有一凹槽。第二种，薄片形玉蝉，用几道较粗的阴线雕出头与翅，腹部有阴线雕出的“×”。第三类较第二类雕琢要细致，用极细的、断断续续的阴刻细线琢出翅上的蝉翼纹及腿，这类玉蝉极少见。

◆ 玉含蝉（西汉）

> 玉握

玉握亦称握玉，是指死者握在手中的玉器。汉代初期以前，握玉一般是无孔的璜形玉器。东汉初至魏晋南北朝时期的握玉，是玉猪。玉猪有较统一的样式，圆柱形玉，头部尖细，用几道简单的直线和弧线表示猪腿与眼、鼻，即俗称“汉八刀”之法，所琢线条多为“一面坡”式。玉猪的形制虽然简单，但形制很有特色，后仿制者常仿不像。猪形玉握也有其他的样式。

◆ 青玉手握（西周）

◆ 青玉手握（西周）

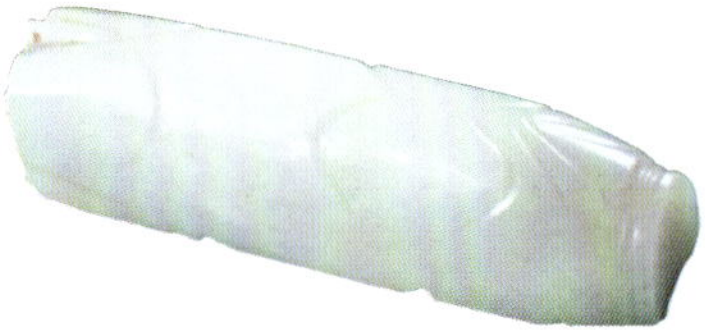

◆ 白玉猪（东汉）

◆ 玉握豚（西汉）

玉佩

玉佩是指随身佩带的装饰用玉器，主要有玉觿、玉勒、玉珩、玉笏、玉翁仲、玉刚卯、玉剑饰、玉璇玑、玉冲牙等。种类很多，形制不一，但这类玉器的形制都不大，都有一个贯穿上下的孔，用于穿系绳带，以便佩带在身上。

玉佩的历史很悠久，自新石器时代至明清，一直长盛不衰。玉佩的作用有多种，但显示身份仍是玉佩的主要功能，因为周代用玉的等级制还表现在佩玉的形式与玉材的使用上。《礼记·玉藻》载："天子佩白玉而玄组绶，公侯佩山玄玉而朱组绶，大夫佩水苍玉而纯组绶，世子佩瑜玉而綦组绶，士佩瓀玟而缊组绶。"不同身份的人，佩玉的色泽、质地皆有区别，这一规定为后来一些朝代所效仿。有的玉佩相传有吉祥辟邪的作用，如玉翁仲、玉刚卯；有的则有实用功能，如玉勒，用于解束带。

> 玉觿

觿（xī），是古人用骨头、玉石等制成的兽牙形装饰品。虽然觿的形状、大小不完全相同，却都保持了一头宽厚、一头尖锐的基本形状。

考古发现，世界各地的史前先民都喜欢将兽牙挂在身上，作为吉祥物和装饰品。史前先民喜欢佩带兽牙，这与人类崇拜野兽的力量有关。大约兽齿有限，所以才会用骨头制成兽牙形器物挂在身上，这种器物叫“觿”。此字从角，也表明最初的觿是用牛羊角制作而成的。后来也有用玉、用铜来制作的。在一些古文献中认为玉觿是解结的工具，相当于锥子。但事实上仍是佩玉，是佩兽牙风俗的延续。汉代确有一种爪形佩玉，可用于解结。但其中有透雕鸟兽纹形的，可能是只用于佩带而不再有实用功能。

玉觿的形制并不统一。

◆ 青玉虎形觿（春秋）

◆ 玉觿（战国）

江苏吴县张陵山出土的玉觿，高6厘米，宽1.2厘米，岫岩玉质，身刻一高冠人像。镂空刻，雕工很精细。

安阳大司空村殷墓出土一玉觿，玉色碧绿，后段是柄，俯视是一牛头，侧视是一牛头张口衔一锥形器，柄上厚下薄，柄端近下缘处有一小孔。

北京白浮西周墓出土一件玉觿，为小刀形。

河南光山县宝相寺黄君孟墓出土玉觿二件，是春秋早期器。

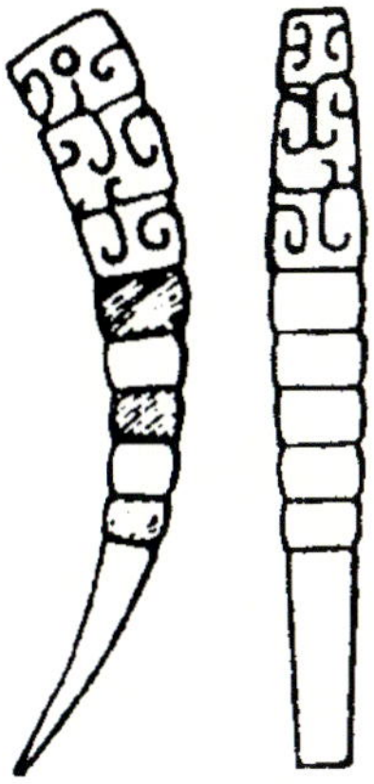

◆ 玉觿

> 系璧

一种专门用于佩带的小型玉璧，出土的小系璧以战国时代为多。战国之前的小系璧上没有纹饰。战国以后，有纹饰的小系璧才多了起来。系璧一直到明清均有制作。

另外有一种出土于车马坑中的小玉璧，是一种用于车马的实用器，可将来自不同方向的绳索都拴在小玉璧上。

洛阳金村出土系璧，径4.9厘米，谷纹，

◆ 龙纹系璧（西周中期）

"好"内附有一无纹饰的小环，廓外有云头形突起，现藏于美国华盛顿弗瑞尔美术馆。

美国哈佛大学佛格博物馆藏洛阳金村出土的系璧，宽4.5厘米，面上光素无纹，两旁有云头形突起。

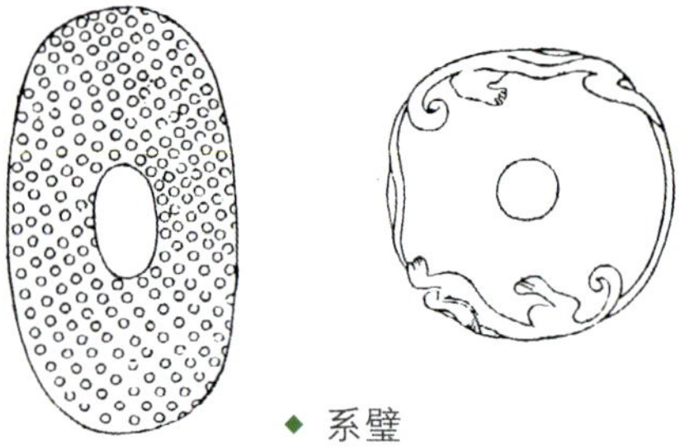

◆ 系璧

中山国王出土，径6.4厘米，中间有瑗形小圈，圈外雕有三条龙。瑗形，谷纹，中孔内镂有一条龙，廓外左右也各雕有一条龙，口径4.1厘米，现属美国私人博物馆藏品。

＞玦形佩

玦起源于新石器时代。长江流域的为圆形，有一缺口，素面无纹，是一种耳饰。东北地区红山文化遗址出土的形体较大，呈团身龙状，有些的缺口还没有完全锯开，因而不同于南方的玉，这种的颈部有一穿孔，可穿系绳，而是一种挂于人身的佩饰。

从汉代起，环形有缺口的玉改为用于腰间的佩玉。《说文》："玦，玉佩也。"《白虎通》："凡能决嫌疑者，即佩玦，故所见佩玦，即知其所能。"《史记·项羽本纪》记载，在鸿门宴上，范增曾数次举玉玦，向项羽暗示，要杀掉刘邦。范增所举玉玦，就是玦形佩。这个例子证明玦形佩在汉代是很流行的佩饰。

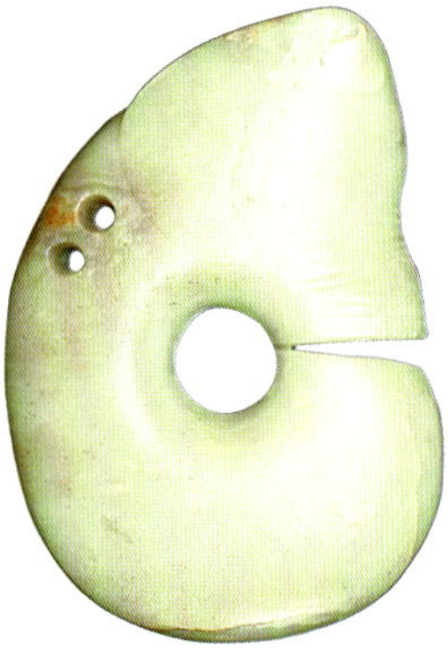

◆ 玉龙形玦（红山文化时期）

玉刚卯

玉刚卯是挂在革腰带上的护身符，高寸许的长方形柱状，中心处有贯孔，每面刻八个字，作两行书写，用于厌胜之物，仅流行于汉代。玉刚卯的用途源于桃符，形制是脱胎于玉方形。古人认为桃木有驱邪作用，常插一桃枝在门户上，这就是“桃符”。以后又有用桃木做成的弓，用桃木做成的扫把，用于辟邪，扫不祥。汉代时，认为玉也有驱鬼辟不祥的功效，还出现了玉刚卯。

玉刚卯每面上刻四言诗两句，每面是8个字，四面共刻有32个字，也有刻34个字的，第一面刻10个字。在中孔里面系上一根绳，下面打个结，上面再做个扣套，便可以佩带了。

刚卯上的字体是“殳书”，为秦国八种书体之一。殳本是一种长兵器，是王的卫兵所用。诗经上有“伯也执殳，为王前驱”的句子。殳书，是一种简单不规范的减笔字，因多写在殳上而得名，非常难认。但有的刚卯用汉隶，或其他字体。对此，吴大澂在《古玉图考》中称：“字大清朗可读者，大抵皆后人伪刻者。”刚卯上的文字一般不用砣制，多是反复刻画而成的。

玉刚卯一般是方柱体，但民间流行的玉刚卯还有扁方体、六方体的等，但不一定是汉代的形制。

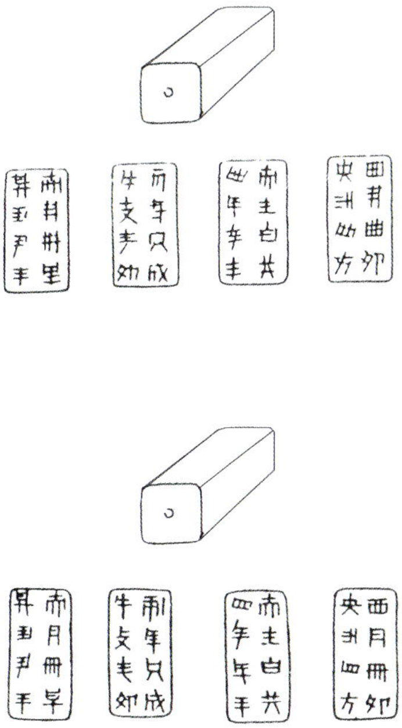

◆ 玉刚卯

＞玉剑饰

用于宝剑上的玉饰品，有剑首、剑格、剑鞘上的带扣（璏）和鞘末的玉饰（珌）四种。玉剑饰始于战国时期，汉代以后不流行。但明清时期都有仿制。

1991年在河南三门峡上村岭虢国墓地出土了一把号称“天下第一剑”的铜柄铁剑，其剑柄上镶有美玉和绿松石，这是目前发现玉饰剑的最早实例。

战国时期玉剑饰出土较多，以曾侯乙墓出土的一柄玉剑最有名，通体用玉琢成，剑首、把、格、鞘，作勾形，各为一节，各节均以金属物连接，剑首透雕成双龙形，两面阴刻出眼、鳞、爪等细部，格透雕成单面饰云纹，其余各部分均为素面。从曾侯乙墓出土的玉剑装饰的纹饰来看，可能仅限于王侯佩带，用以显示“尊卑有度”的等级观念。

◆ 玉剑璏（清代）

◆ 玉璏（西汉）

◆ 兽面云纹剑璏（西汉）

◆ 玉剑首（西汉）

◆ 兽面云纹剑璏（西汉）

◆ 云纹剑珌（春秋晚期）

◆ 白玉浮雕螭纹剑格（西汉）

◆ 兽面纹玉剑格（清代）

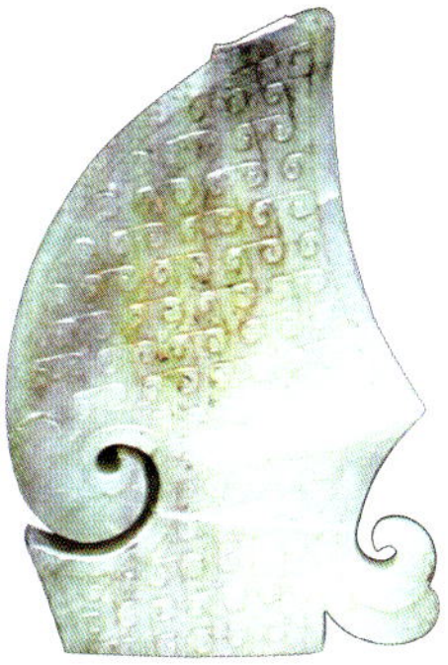

◆ 白玉透雕螭纹珌（西汉）

> 玉组佩

玉组佩又叫杂佩，流行于东汉至西汉时期，是由璜、珩、环、冲牙及其他佩玉组成的垂直悬挂体系，一般佩带于人的身前。组佩的上部叫璜或珩，整体上横宽，两端及中部有孔，用来悬挂其他玉件。

璜：形状为1/3圆璧形，片状，有些大玉璜，两端较中部还宽些；还有一些璜为1/2圆璧形，下部弧内饰有镂雕装饰。《说文》载：“珩，佩上玉也，所以节行止也。”《正韵》曰：“佩，上珩下璜。”可见珩位于成组玉佩的上部。

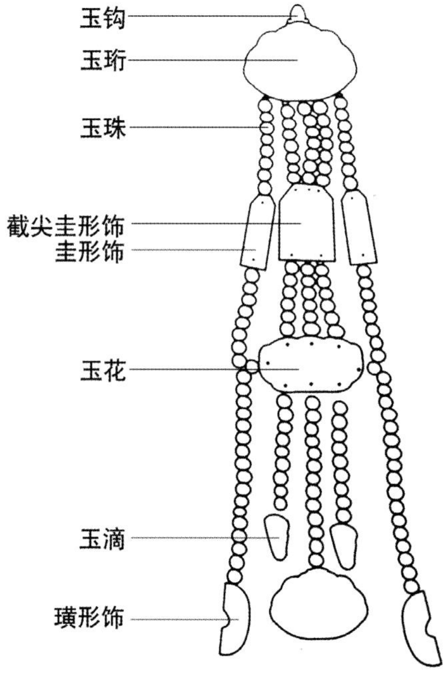

◆ 玉组佩示意图

◆ 佩璜

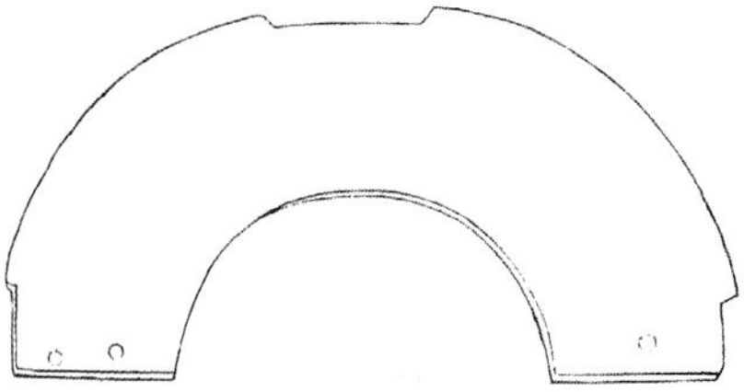

◆ 佩璜

珩：形似玉磬，但较小，或有向上的折角，上有孔，可以悬挂其他饰玉。从出土的春秋到两汉的玉组佩中，还有单身龙佩及双龙佩等可以充当璜、珩来用。单身龙佩的龙身细长，无足，头、尾上翘，呈“弓”字形，双龙佩则为相对的两个龙，中部拱起。

玉环：种类很多，有些雕琢得很精美。位于成组佩玉的中部，是玉佩中表示人的身份、品德的最主要部分。

冲牙：形如角，片状，成对悬于玉佩下端，行走时能相撞出声，在这三部分之间还悬有其他玉件，并杂有玉人、玉兽片等。

◆ 玉珩（明代）

◆ 青玉花瓣形凤纹佩饰（明代）

◆ 青玉扁豆佩（明代）

◆ 白玉鱼形佩（明代）

战国玉组佩以曾侯乙墓出土的一套16节龙凤玉佩最为有名。该器通长48.5厘米，最宽8.5厘米，玉青白色，呈长带状，由5块玉料共雕成16节，然后用椭圆形活环和榫连接在一起，各节分别透雕成龙、凤或璧形，璧上主要饰谷纹，间或有云纹和斜线纹。龙、凤上则以阴刻和浅浮雕表现出嘴、眼、角、鳞甲、羽毛、尾、爪等细部特征。全器共透雕、浮雕和阴刻出37条龙、7只凤和10条蛇的形象。该器代表了战国琢玉工艺的最高成就。

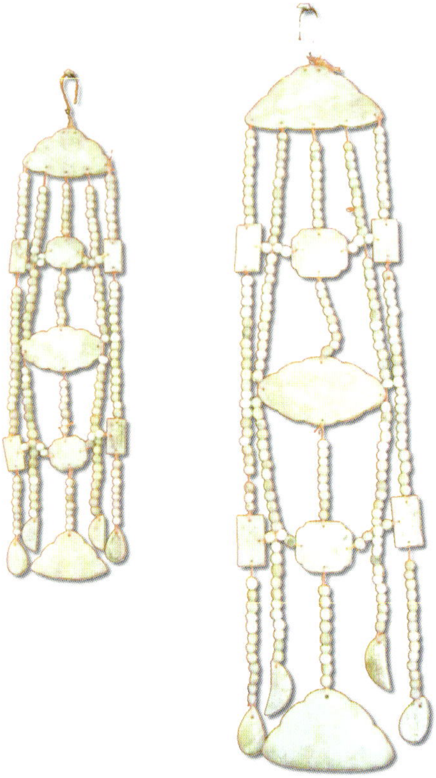

◆ 玉佩（明代）

自宋代以来，就有人研究组佩的结构，作了许多假设，例如郭沫若先生认为，“黄”字实为古佩之象形。

明代佩玉是官吏冠服制度中不可缺少的佩饰，故各地的明代墓葬中出土了相当数量的玉组佩。明代玉组佩在形式上更加活泼，各部分玉饰采用叶形、云形、鸡心形、菱形、长方形、椭圆形等形状，各部分之间还串接有玉人、鱼、蝉、兔、鸳鸯等象生小玉器部件，佩挂行走时玉件锵然相击，清脆悦耳。

玉环

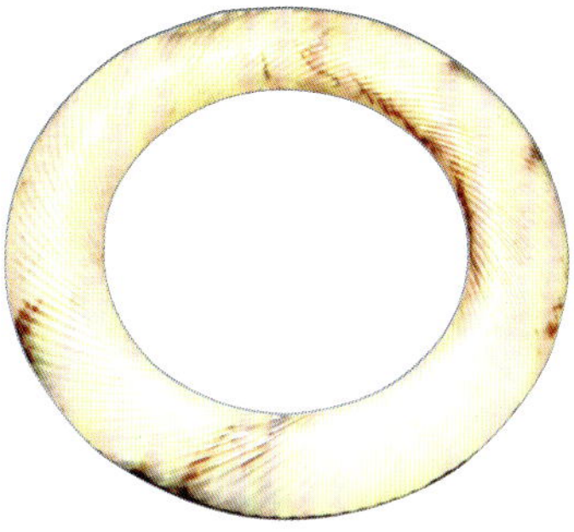
绳纹环（战国）

在古代文献上，玉环是一种“好（孔）肉（边）若一”圆形薄片状玉器。因与考古出土物不符，被重新归入“璧环类”。玉环是组佩中的一类部件。

战国玉环种类很多，有丝束纹环、勾连云纹环、谷纹环、三龙外蟠环、重环及玛瑙环。

玛瑙环截面呈三角形，顶角处磨平，环外光素无纹，表面有一层玻璃光亮。

丝束纹环为扁环，表面饰丝束线，线如长弧状，细密排列，每一丝截面呈尖锋状，用手摸时无圆润之感。

三龙外蟠环见于古中山国墓，在较窄的丝束纹环外，镂雕三只螭龙，螭龙首尾相接。

勾连云纹环在环表面雕隐起的勾云纹，或用单阴线雕琢纵横相接的云纹，或用剔地法雕琢出平面的勾云纹，或雕琢局部凸起的兽面纹。

谷纹环的谷纹有二种：一种为凸起的螺旋纹；一种为平面隐起，其上用阴线旋出螺线。

弦纹环（商代晚期）

勾连云纹环（战国）

> 花形玉佩

宋代花形玉佩较多，多雕一种“八仙花”——即花瓣有八瓣，皆为梅花状，花瓣为凹下的球面，其上有小阴刻线，下部为花叶，叶中部凹下如折合，叶上有对生的细阴线叶脉。还有雕秋葵花、百合花、菱花同器物形状结合在一起的，佩形或为圆形，或近似于方形。

◆ 青白玉折枝花卉纹佩（金代）

◆ 青玉龟巢荷叶佩（金代）

◆ 青白玉折枝花形佩（金代）

◆ 花卉纹饰（金代）

玉牌子

玉牌子又名“别子”，方形小件玉佩饰，明代起大量制作。上部镂雕相对夔纹，下部为方牌，牌表面隐起山水人物或花鸟图案，有的还刻有文人诗句。

明代玉牌转角处雕得方硬，沿牌子边沿有凸起的边线，边线窄而浅，有玻璃光，所饰图案为极薄的隐起，构图简练，带有文人画的味道。

清代牌形玉佩很多，有方形、圆形、斧形等形制，佩表面饰花鸟或人物图案，上部或边部有夔龙装饰。清代还有成组牌形玉饰，其中较典型的是月令花牌和十二辰玉牌。月令花牌一面饰花果，一面琢文字。十二辰玉牌分别饰十二属相。乾隆时期的牌形佩较厚，玉质也好，图案、文字多用凸雕，清晚期的牌形佩为薄片状，雕琢粗糙，有的还用镂雕。

清代中晚期，制造了大量带有吉祥用语的玉牌，如“君子平安”、“长宜子孙”、“太平有象”、“吉祥双喜”等。

典型作品有如下几种：

四灵长方佩：长15厘米，宽5.4厘米。长方形，上端出榫，榫部雕龙及朱雀，佩上部雕三人，左部为虎，右部为龙，下部雕龟。

平定虎符佩：高6.8厘米，宽5.1厘米，兽面形，上部有孔，一面有“子孙保之”，一面琢“平定虎符”。

龙凤呈祥佩：长7.3厘米，宽4.5厘米。上部雕龙，下

◆ 双凤纹玉牌（唐代）

◆ 白玉活心佩（清代）

部琢凤，中部为牌子。一面有“龙凤”，一面有“呈祥”字样。

重重花甲佩：长7.5厘米，宽6厘米。一面琢一老人策杖，身后一童子相随；另一面有“重重花甲”四字。

太平有象佩：长7.1厘米，宽4厘米。一面篆书“太平有象”四字，一面凸雕一人骑象。

福在眼前佩：长6.15厘米，宽4厘米，雕一蝠一蝶对衔一牌。牌一面有蝠衔钱，另一面书一“福”字。

＞玉勒

玉勒，没有统一形状，长短粗细各不相同，多数腰部较细，两端较粗，中心有一通孔，孔由两端对钻，不甚直，孔端直径较大，似喇叭口。一些玉勒外部还饰有阴刻线或凸起的弦纹。精致的玉勒外表饰有蝉纹、龙纹或其他动物纹。玉勒也有做成动物形状的。

战国玉勒除圆柱状外，还有一种为扁勒，其形扁而宽，两侧各有一排方形凸齿，器表面及凸齿上雕隐起的蟠虺纹，有一细长的贯孔自上而下贯通于扁勒，这种玉器的名称未定。玉勒的用途目前并不十分清楚，一些小玉勒可能用绳穿挂作项饰，还有些可能嵌于器柄。

◆ 莲瓣纹玉勒（商代晚期）

◆ 羽人龙纹玉勒（春秋晚期）

动物形玉佩

动物形玉佩是玉佩饰中最有特点的一类。动物形玉佩出现得很早，在新石器时代的各个文化遗址中均有发现，此后长盛不衰。常见的动物形玉佩有龙、虎、鹿、羊、象、凤、鹤、海东青、鱼等。一般把龙和凤称为祥瑞动物，其实，所有的动物形玉佩上的动物形象，都具有祥瑞的寓意，都是在对动物传神写照的基础上又融入了中华民族特有的吉兆观念，成为了富有民族特色的祥瑞动物。在中华传统文化中起过重大影响的龙凤文化，可以在玉器中找到源头。考古年代最早的龙，是辽河流域龙山文化出土的玉龙；考古年代最早的玉凤，是湖北江汉地区石家河文化的玉凤。

>玉龙佩

迄今为止，考古年代最早的龙，是辽河流域龙山文化出土的玉龙。其形制特点龙身蜷曲成环状，或者说是玦形。天津市艺术博物馆所藏一件红山文化龙形玦，体蜷曲成圆柱形，用凹线刻出眼、口，首尾相连成形。龙的额头隆起，肩部有一个小孔，形制古朴，刀法简练。另外，龙山文化玉兽，有的身躯蜷曲呈C形，头肥大，首尾用一缺而不断口相隔。另有一件，形体相同，首尾之间断开，成玦形。这类器物在龙山文化中多有发现，是完全不相同的。

◆ 玉龙（战国）

商代的玉龙，身体如蛇，身躯很短，尾蜷曲。有些龙的躯体较长（但比龙头短）。顶部是龙纹，画了一个龙头，但在龙头后面只画了一条龙腿。这表示龙是有足的，所以不能不画，并不是说这是一条腿的龙。战国时期画动物一般都是取侧形，故四足兽只画成两足，两足鸟只画成一足。但也有例外，虽然并不多见。龙是四足，战国的铜龙就是四足。画龙的侧形，应该画两条腿，但商代龙纹多画成一足，这是其特点。

商代有将龙纹做成璜形的。妇好墓出土的一件玉龙璜，龙腿用一条曲线表示。这种做成璜形的龙，有不少是用作玉刀。美国芝加哥美术馆收藏的一件，是在龙的后端延长出一小段，做成刀形部分。

春秋战国以后，玉龙有璜形、玦形、环形和S形。

中山国出土的玉龙，龙头部分伸出的部位较多，身躯仍然是动势流畅的S形。

玉龙（战国）

双身龙（战国）

双身龙（战国）

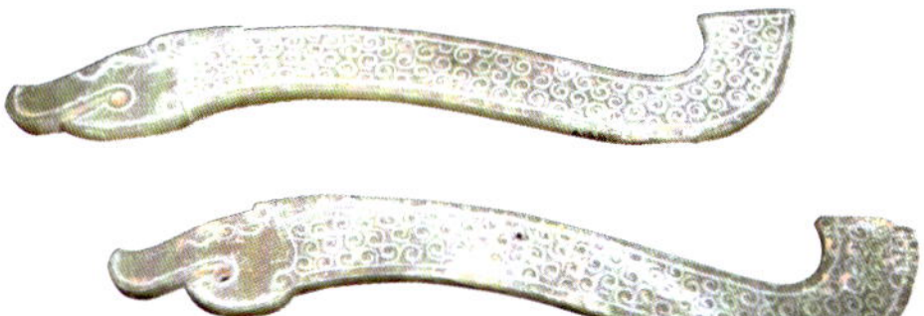

玉龙（战国）

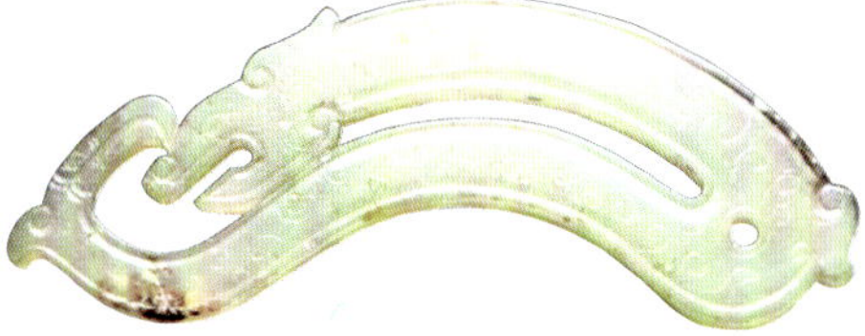

玉龙（战国）

◆ 玉龙（战国）

◆ 双首龙（战国）

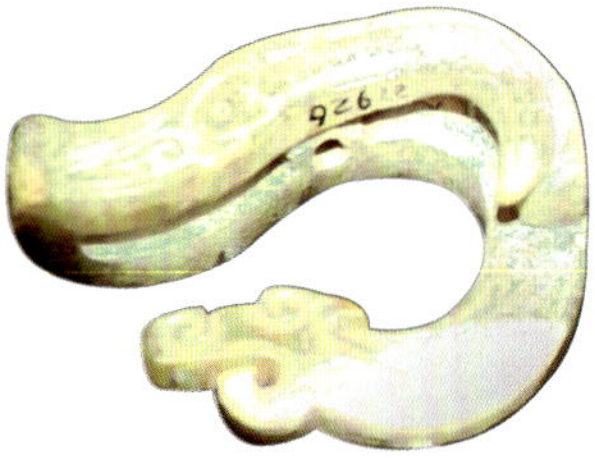

◆ 玉龙（战国）

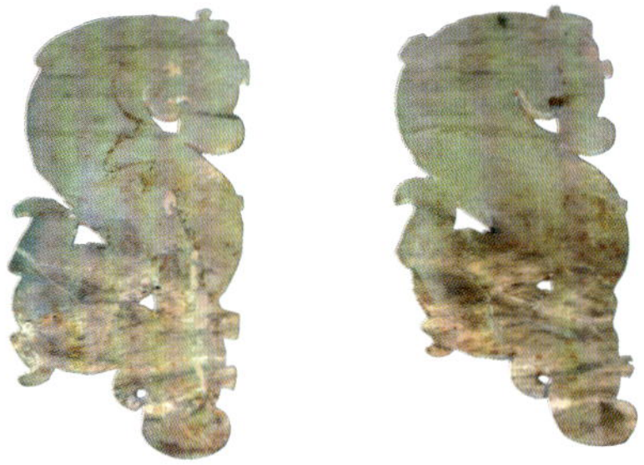

◆ 素面玉龙（战国）

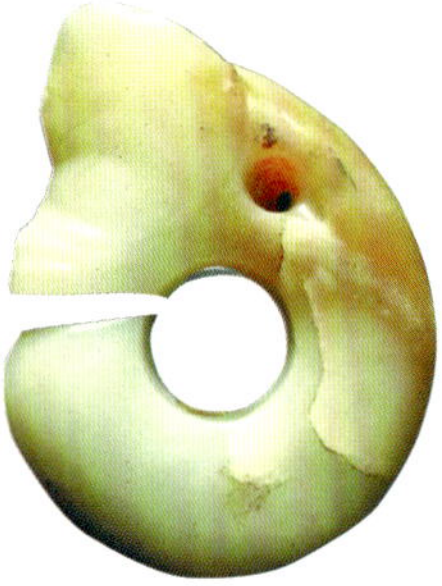

◆ 玉龙（红山文化时期）

◇ 双S形龙纹

双S形龙纹是指龙的身躯在S形的基础上又多一个S形的转折，有人称为W形。这种新增的龙纹，在龙躯干之外增加了不少的纹饰，使整个造型复杂好看。如河南辉县出土的W形玉龙，可以看清它的结构确实是W形，有四处凸起的纹饰。

◇ 玦状龙、环状龙

战国时期开始，玉龙佩出现玦状、环状等形状。玦即为半环形有缺口。玦状龙一般蜷曲成圆形，缺口在龙头与龙尾之间，环状龙则首尾相接。汉代以后的玉龙，形态逐渐呆板，没有战国时期玉龙的生动活泼。

◆ 云纹夔形玉佩（战国）

◆ 青玉龙纹佩（明代）

◆ 青玉螭纹钺佩（明代）

◆ 青玉双螭纹佩（明代）

> 子辰佩

龙蜷曲成环形，龙尾处有一只老鼠，即“子辰佩”。依五行之说辰是龙，子是鼠，故名。

> 玉虎佩

老虎在中国有“百兽之王”之称。但古代虎形玉雕和器物上所用的虎纹，远不如龙纹多。

玉龙和玉虎之别，在战国时代则很难区分。以前虎是有耳无角的，龙是有角的，但战国时期玉器并不严守这些规定。

玉虎则为一般佩饰。殷墟墓1500大墓出土玉虎，长29.8厘米。妇好墓出土玉虎佩，长9.7厘米，板状体，两边相同。

◆ 青玉虎形饰（春秋）

◆ 青玉虎形饰（春秋）

◆ 青玉虎形饰（春秋）

玉马佩

妇好墓中出土过两件马形佩，形状都为可爱的小马，长6.3厘米，板状体，琢马的侧面之形，故只有两条腿。

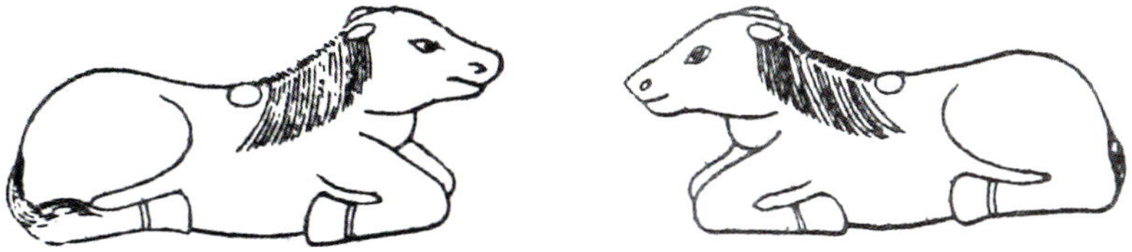

玉马

玉象佩

商代就有玉象，妇好墓就出土过两件玉象。一件长6厘米，另一件长6.5厘米，站立状，长鼻上卷，鼻尖内卷成圆形，口是三角形，小眼细眉，大耳下垂，体肥硕，四肢短粗。

从象的真实比例来看，玉象的腿都短了一些，但象的神态却刻画得很逼真。

玉象（宋代）

玉象也有单做头的，美国克利夫兰博物馆收

藏了一件玉象头，长4.5厘米。从鼻形及头形来看，显然是一个大象头，但头上却长着角。象的鼻子不是顺着额头下来的，而好像是长在上颚上（这种情况在青铜器中也可以见到。在北京房山琉璃河出土的青铜簋，其上有四个象足，也是如此）。由这只玉象头由颈部至口有一个孔可知，这也是一件佩玉。

＞玉鹿佩

鹿是角形很美丽的动物。古代玉工有意把鹿的角部雕刻得特别大，一般都要超过真实的比例。这种艺术表现的方法，实为艺术夸张的具体应用。

美国纽约大都会博物馆藏玉鹿高7.6厘米，英国伦敦大英博物馆藏玉鹿高5.7厘米，另一件高5.6厘米，都是西周时期的玉鹿，鹿角都十分庞大。

商代雕刻的玉鹿，也同样重视角的表现。

玉鹿是西周动物形玉雕中最具特色的器物，主要见于宝鸡伯墓地、三门峡市上村岭虢国墓地等处，绝大部分为浮雕，也有少量圆雕作品，形象生动，琢磨精致细致，一般放置于死者胸、腹部。如伯墓出土的一件浮雕玉鹿，通高8.8厘米，长7.2厘米，厚0.4厘米，青玉质，双面磨光，鹿后肢微屈作站立状，角分叉高耸，阴线刻圆目、鼻，口微张作嘶鸣状，蹄足短尾，这件玉鹿造型优美，是西周动物形玉饰的代表作品之一。

◆ 玉鹿（西周早期）

另外，辽金元时期盛行的“秋山玉”饰品，或是虎蹲伏，或鹿在山林中奔驰的场景，或单面雕，或双面雕，是我国北方契丹、女真民族春秋季节游牧射猎生活的具体反映，极富草原游牧民族的特色。

◆ 秋山玉佩饰（金代）

> 玉羊佩

羊是大吉之兽，“羊”字通“祥”字。汉代铜洗大吉祥，都写作“大吉羊”。玉羊与玉牛的区别，一般是由角形来区分。玉羊的角，是由内向外转的，和篆书的“羊”字相同。玉牛的角，由外向里转，也与篆书的“牛”字一样。

英国私家藏有一只商代玉羊，是河南安阳出土的，长13.9厘米，制作简单古朴。羊的整体造型近似长方体，短足，两只角从顶部弯曲向前，羊角的特征非常明显。

玉羊也有只雕一个头的。法国私家收藏一件玉羊头，高5.7厘米，颈部上有弦纹，羊眼是两个大圆形孔，是商代以前的作品。

商代妇好墓也出土一件羊头，高4.8厘米。

汉代的玉羊，好像都有一定的表现方式，玉羊的造型都作头昂起，身躯卧伏状。故宫博物院收藏一件玉羊形器座，以一只卧羊为主体，羊两侧用阴刻线做出两翼，有一个牧童坐在羊的臀部上，在羊头的后面和牧童之间有一个长方形的凹槽，是以知道这件器物是一个器座。

> 鸟形玉佩

宋、辽、金时鸟形玉佩极多，主要有绶带鸟、孔雀、鸳鸯、玉凤、鹤、海东青、天鹅等。

◆ 青白玉双鹤衔灵芝纹佩（金代）

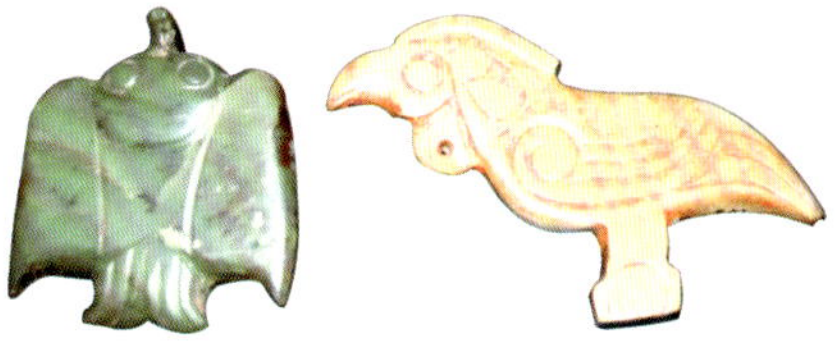

◆ 玉鸟（商代晚期）

◆ 云鹤纹饰（宋代）

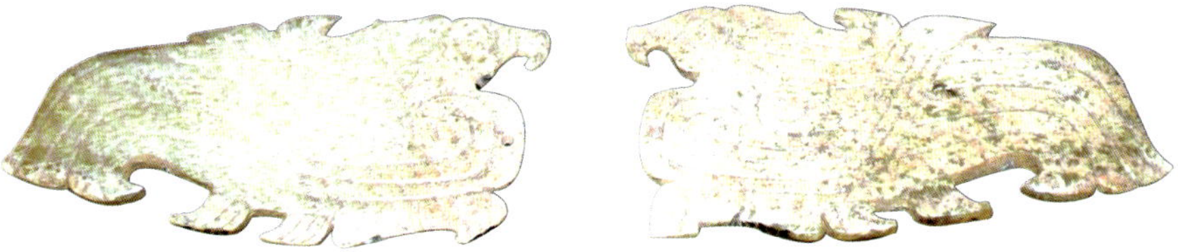

◆ 玉鸟（西周早期）

◆ 青白玉双孔雀图饰（宋代）

◆ 白玉绶带鸟衔花佩（金代）

＞玉鱼佩

唐、宋有鱼袋之制，宋代佩鱼开始增加，宋代常见的玉鱼分有鳞鱼与无鳞鱼两种，有鳞鱼以鳜鱼最常见，玉鱼口中常衔有水草，身旁有荷叶、慈姑等。

◆ 玉鱼（商代晚期）

◆ 白玉鱼形佩（明代）

玉工具

指用于生产生活的玉制工具，常见的有斧、刀、锯、磅、凿、铲等。玉工具制作年代较早，一般是在新石器时代晚期。在玉兵器一节中，我们介绍过玉斧，那是战争用的斧。其实在新石器时代晚期，诸如掘地、砍树、割肉等日常生产生活事项，也都要用玉斧，所以存世的和出土的玉斧数量较多，也并非一律是兵器，许多玉斧可能就是日常使用的工具。

玉工具中还有两种测量专用工具——土圭和日晷。

土圭是一种利用日影来观测四时的天文仪器，结构比较简单。《周礼·典瑞》载："土圭以正四时、日、月，封国以土地。"故知土圭不仅可用于观测四时的变化，也可用它来测量土地。

玉晷也是一种利用日影来观测时刻和二十四节气的天文仪器。玉制的方盘，面作平圆状，周以界线，每线刻篆书记数，自一至六十九，中间有圆孔。在《陶斋藏石记》与《陶斋古玉图》中都有著录。

> 玉斧

商代前期的玉斧与石斧形制差别不大，一般为厚重直刃，素面无纹。商代后期玉斧在妇好墓发现一件，通长10厘米，内长2.5厘米，厚2.6厘米，深绿色，长方扁圆体，斧身饰饕餮纹，细眉大眼，颇为精致。

◆ 玉斧（商代）

◆ 玉斧（明末或清初）

> 玉铲

玉铲的外形近于兵器玉钺，有的像是玉圭。

在山东龙山文化中有玉铲发现。

在安徽潜山、薛家岗新石器时代遗址，出土玉铲11件。其中一件通体精磨，刃锋利，长17.6厘米。

◆ 双刃玉铲（商代）

◆ 玉铲（龙山文化时期）

◆ 玉铲（龙山文化时期）

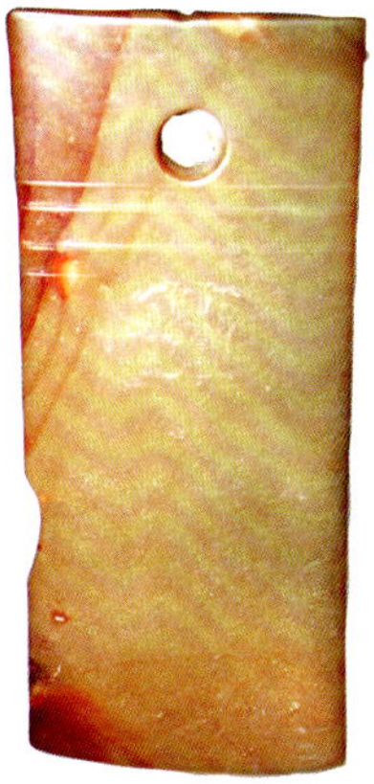

◆ 鸟兽纹玉斧（龙山文化时期）

广西隆安县乔建遗址，出土一玉铲，高28.2厘米，器身扁平，刃作弧形，上端有短柄。

其他如大汶口、青莲岗、二里头、广东曲江等地，都有玉铲的出土。

商代的玉铲呈扁平长条形，一端穿孔，双面刃。如妇好墓出土的一件玉铲，长10.3厘米，刃宽6.6厘米，厚0.4厘米，墨绿色，平顶，刃略弧凸，系两面磨成。

> 玉锛

锛与斧之别，在于刃部。斧之刃是两面刃；锛一面是刃，一面是平的，若今之刨刃。

商代前期尚未见有玉锛出土。商代后期玉锛以妇好墓出土者为代表，为窄长方体，个别有短内。如出土的一件玉锛，通长15.6厘米，刃宽4.1厘米，体厚0.7厘米，灰色玉，玉质较好，顶宽上有短内，近顶端还有一圆孔，无使用痕。

> 玉凿

商代前期极少见。商代后期所见均为窄长体，或平刃、或弧刃。妇好墓出土有两件。其中一件长15.3厘米，宽3～3.8厘米，厚1.3厘米，中部深绿，两端为黄褐色，窄长体，顶部微弧，双面刃，近顶部有穿孔，体两侧有边棱。

◆ 玉凿（商代）

＞玉镰

商代前期不见。商代后期在妇好墓中出土5件，体窄长，刃内凹，与同期的青铜镰类似。如标本482，长15.1厘米，宽4.8厘米，厚0.2厘米，灰黄色，拱背凹刃，锋呈三角形，后缘下折，上有一孔，一面有席纹印痕。

＞玉刀

新石器时代玉刀没有柄，只是在刀背上有穿孔，如龙山文化玉刀，在背上有两个孔。这种形状的刀，南京阴阳营出土的青莲岗文化玉刀还有多达七个孔的。

商代玉刀，前期少见。后期种类繁多，有凹背弧刃的小刀、半圆形的刮刀、梯

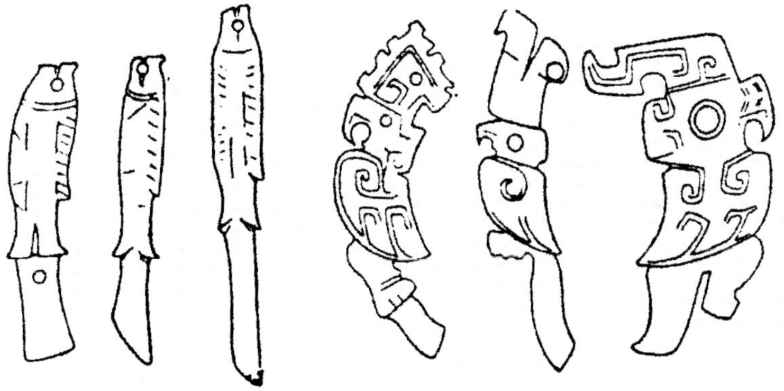

◆ 玉刻刀

形刀，及各种动物造型的刻刀，大多雕有精细的纹饰，小巧玲珑，妙不可言。

妇好墓发现各类玉刻刀23件，绝大部分柄部雕成动物形象，有鱼、鸟、夔、壁虎等，以鱼形和鸟形的最多，多为双面浮雕。其中鱼形刻刀有11件，形象不同，均在尾部雕出刀柄和两面磨成的斜刃。鸟形刻刀7件，多为高冠勾喙、作站立状的鹦鹉形象，从尾部长出刀柄和斜刃，构思奇巧。

另还有两件形制大小基本相同的凹背弧刃小刀，长13.2厘米，宽3厘米，厚0.4厘米，均为墨绿色玉，翘尖短柄，背较厚，上起锯齿状扉棱，刀身两面均以“刀”纹为主，上下有与刀身平齐的阴线纹，精巧别致。

> 玉纺轮

商代前期少见，商代后期较为多见，大小厚薄不均，有些还琢有兽面纹或虺形纹。妇好墓出土玉纺轮22件，大部分不甚精细。标本1031是较具代表性的一件，直径5厘米，孔径0.9～1.1厘米，厚0.7厘米，淡绿色，中部厚边缘略薄，正面饰有三角形头、蜷曲较甚的虺形纹，虺体饰节状纹，背面为虺的腹下纹饰。

◆ 玉梃纺轮（余杭遥山出土）

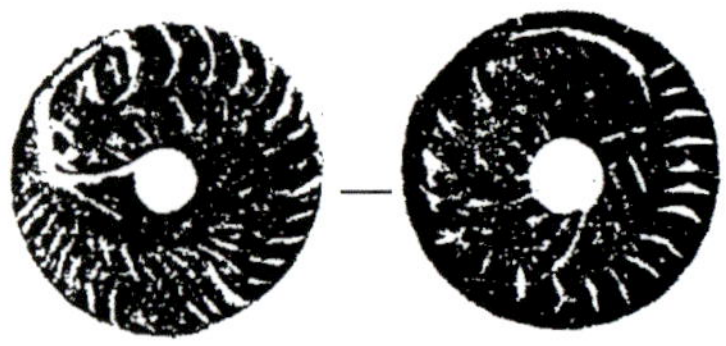

◆ 纺轮

玉玺印

西周时，朝廷向职务较低的官员发给一颗印章，印上铸出或刻出他的官名来，作为他们所担任官爵的证明。这就是“官印”的来历。在战国以前，无论是官印和私人用印，都叫玺，印和玺是不分的。但自秦始皇起，把皇帝的印专称为玺。从此，玺和印才有区别。

传世玉印可以分为受命玺、传国玺、御府印、私印几类。

> 受命玉玺

◆ 玉印（西汉）

史载，秦始皇统一六国之后，下令用和氏璧制作了一方玺，印文是“受命于天既寿永昌”，用这方玉玺表示皇帝是由上天任命的，故叫受命玉玺。这种表示皇帝受命于天的玉玺，其作用与西周天子所用玉圭是一样的。

受命玉玺是每个开国皇帝都要有的。历史上常因改朝换代出现新王朝，改朝换代的一种方式是“禅让”。例如，赵匡胤发动“陈桥兵变”，逼迫后周皇帝让出皇位。在

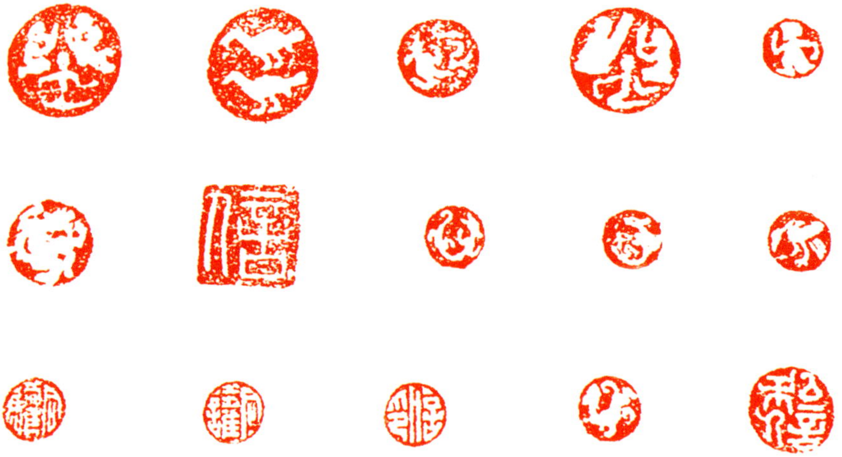

◆ 满城汉墓出土文字印、肖形印文

“禅让”仪式上，宋太祖从后周皇帝手中得到两方玺：一方是“皇帝神宝”玺，另一方是“皇帝承天受命之宝”。宋太祖要这两方后周皇帝之玺，主要是表示自己当皇帝是出于正统，并非是谋逆。宋太祖登极之后，又自制了一方新的受命玺，印文是“大宋受命之宝”。以上三种，均是受命玺。

> 传国玉玺

每一个朝代在开国之初，都会用玉做一方印，代表了政权的建立。开国皇帝故去，太子继位，这一方印也继续使用，这就是传国玉玺。传国玉玺之制，是从秦代开始的。

但历代传国玉玺的印文并不相同。秦代传国玉玺的印文是“受命于天既寿永昌”，晋代传国玉玺的印文是“受命于天皇帝寿昌”，唐代传国玉玺的印文是“皇

◆ 白玉龙纽“八徵耄念之宝”御玺（清代）

◆ 定陵出土神宗皇帝谥宝（明代）

帝景命有德者昌”，宋代传国玉玺的印文是“受命于天既寿永昌”。虽然是各代都有传国玉玺，但历史上，每朝每代都认为只有得到秦始皇所制的传国玉玺，才是天命所归的真龙天子。由于秦始皇的“受命玺”，被以后各朝代使用，故有“传国玉玺”之名。

秦始皇的传国玉玺是秦始皇下令所刻，制作年代，是在秦始皇统一中国之后的公元前221年到公元前210年之间。印纽采用盘螭纽，印文“受命于天既寿永昌”是丞相李斯篆写的。印文的字体，各书所记，都是说“鱼虫龙鸟之形”，世本虽说“以大篆书之”，下面仍接着说“制如鱼龙凤鸟之状”。刻印的人，是玉工孙寿。

> 御府印

御府印是宫中所用的印。秦始皇除了制作受命玉玺外，又按管理国家政务的需要，制定了各种玺和印。在这些数量很多的玉印之中，以“六玺”最重要。这“六玺”的印文分别是：“皇帝之玺”、“天子之玺”、“皇帝信玺”、“天子信玺”、“皇帝行玺”、“天子行玺”。

秦代制定“六玺”之后，以后各个朝代都仿制，而且这六方玉玺的印文，各代都是相同的。不过印文虽相同，但每个玉玺的用途是由各代自行规定的，所以其用途并不相同。

唐代武则天执政时，认为“玺”字与“死”字音相近，故在长寿二年（693）下令改用“宝”字，所以六方玉玺的印文都改为“宝”。唐中宗复国后，又恢复了旧称，“六宝”仍改回“六玺”。唐玄宗时，又将“玺”字改用“宝”字。此后，历朝历代有时称“玺”，有时称“宝”，但用“宝”字的较多。清代御府印是用“宝”字。

> 清代御府印

20世纪初，故宫博物院接收清宫时，存放在交泰殿的中宝玺，所收到的印玺，除二八玺外，还有以下各玺：“皇帝奉天之宝”、“敕正万方之宝”、“天子尊亲之宝”、“御制六师之宝”、“表彰经史之宝”、“皇帝亲亲之宝”、“敕正万民之宝”、“大清嗣天子宝”、“敬天亲民之宝”、“讨罪安民之宝”、“大清受命之宝”、“巡狩天下之宝”、“制诰之宝”、“钦文之宝”、“救命之宝”、“命德之宝”、“垂训之宝”、“广运之宝”、“宣统之宝”。

> 清朝内府印章

清朝内府印章的数量很多，在民国时期，集中到故宫博物院文献馆，数量有千余方。

清朝内府印章，是由皇帝批准颁发给各宫殿和每位后妃的玉印，印文的最后一个字都是“宝”字。例如“乾清宫宝”、“养心殿宝”。每个后妃均有一枚“后妃之宝”，如“孝恭宣惠温肃定裕慈纯钦穆赞天承圣仁皇后之宝”。这种“后妃之宝”，也相当于西周时期的“瑞”。

皇帝写的字也有专门的“御书之宝”，如乾隆皇帝有“乾隆御笔”、“乾隆宸翰”之类的。每个皇帝鉴赏书画，又有“鉴赏之宝”，如“嘉庆鉴赏之宝”、“乾隆御览之宝”。贵重的书画放在某处，便有“鉴藏之宝”，如“御书房鉴藏宝”、“重华宫鉴藏宝”。

每个皇帝都有他自己的闲章，如乾隆有“古希天子之宝”、“万有同春”、“比德”、“明润”、“犹日孜孜”等。这些印，大多是玉印。

THE FORM OF JADE ARTICLES

玉制器皿

玉器皿从商周时就有制作，但因制作工艺的难度太大，故数量不多，其中有不少是珍贵的礼祭器，如商代妇好墓出土的玉簋。

在战国及汉代，有玉樽、玉角杯、玉灯等；宋代时，开始制作仿古鼎彝玉器，即用玉器仿制古代各式青铜礼器。从明代开始，玉制器皿成为玉器的主流产品。至清代时，玉器皿的品种、数量达到了鼎盛。

玉器皿的器形多仿古代青铜器，常见的有玉炉、玉瓶、玉熏、玉壶、玉碗、玉盘、玉杯、玉盏、玉碟、玉盒等。兽形器皿有如羊尊、鸭罐、龙觥、羊罐、鸭尊、兔尊、狮尊、牛尊、凤瓶、鸳鸯盒等。

玉器皿要求用料质色均一，形状规矩，其造型看似简单，实则要求加工技艺较高，并且往往与轧丝、薄胎、内画、活环活链、子母口、刻字等特殊技艺相结合。

＞玉瓶

玉瓶是清代重要的玉陈设，大玉瓶高度在50厘米以上，瓶形有圆肚瓶、观音瓶、齐肩瓶、八棱瓶、方瓶、葫芦瓶等几十种。

扁瓶：瓶体扁而高，有四方、八方、斜方、腰圆等形，上部较下部宽，颈两侧有双耳（可为象耳、兽耳、鹿耳、贯耳、花耳之一），耳下带掏出活环，方形或椭圆形足，瓶上有盖，盖组大可采用为卧兽、花蕾、叠片、寿星等。

宝月瓶：壶腹为扁圆形或椭圆形扁瓶，颈两侧有耳，腹部饰花卉、人物、山水等图案，或琢诗句。

◆ 青玉饕餮纹双耳瓶（清代）

◆ 花卉纹玉瓶（明末清初）

◆ 碧玉灵芝双联瓶（清代）

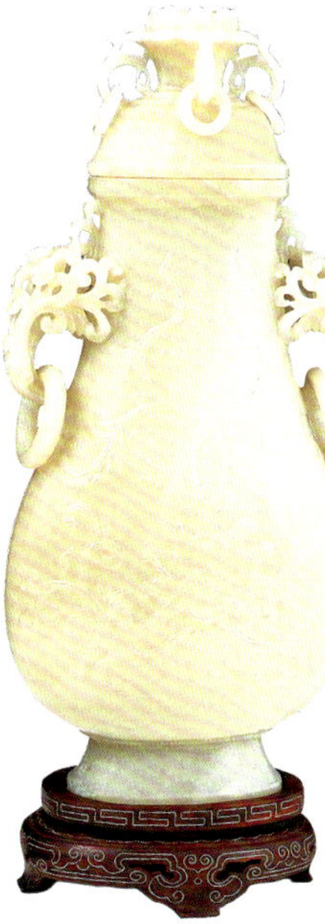

◆ 青白玉薄胎瓶（明代）

◆ 水晶瓶（清代）

◆ 白玉“龙凤呈祥”扁瓶（清代）

◆ 多环玛瑙瓶（清代）

◆ 松石花卉瓶（现代）

＞玉花觚

清代称觚为花觚，用于插花或其他物件。清代花觚同明代花觚有明显的区别，明代花觚较粗笨，兽面纹及蕉叶纹也较简单，出戟，戟较粗大。清代花觚种类较多，有些仿古，有些非仿古，花觚分为上、中、下三部分，上部、下部似喇叭，中部似鼓，横截面有方形、长方形、斜方形、圆形、椭圆形、海棠形等。装饰纹样有仿古图案、吉祥图案或条纹。清代的兽面纹比明代要复杂，形状也有区别，兽面两侧有较多的装饰图案，凸起的线条细而浅。

＞玉壶

玉壶的器形多样，其中一部分玉壶仿古代青铜器——鼎、簋、壶、钫、甗、豆、鉴、爵、角等，兽耳、腹部饰兽面纹。还有一部分玉壶仿瓷器形的玉壶春、葫芦瓶、棒槌瓶、双筒瓶等作品。另外还有一些博古题材的玉陈设，往往在仿古壶瓶的两侧，增加一些其他物件。

明代玉执壶有四种：

第一种为下宽上窄的细高型，腹部扁而宽似桃形，细长圆筒颈，夔式柄，圆盖，盖面微隆似斗笠。

第二种为上宽下窄的细高型，上部粗大，下部细瘦，壶体似梅瓶，或饰莲瓣，夔式柄，细长流。

◆ 定陵出土玉壶（明代）

◆ 带盖玉壶（清代）

◆ 青白玉番莲纹活环四足盖壶（清代）

第三种为矮方壶，壶体近似于立方体，边棱处磨成坡状或倭角，剔雕或浅浮雕纹饰，夔式柄，细长流。

第四种，壶体近似于圆形，外表琢花卉图案或山水图案，图案为极薄隐起，构图简练，意境深远。

在这四种类型基础上，明代执壶还有许多变化，出现了莲花壶、菱瓣式壶，或饰桃式开光、人物、寿字等多种样式，图案纹饰也有高浮雕、浅浮雕、剔雕、隐起等多种变化。

◆ 翡翠瓜形茶壶（清代）

> 玉花插

清代玉花插以树桩式为多，并附有树枝或凤鸟装饰，结构较复杂，器形清秀，不像明代玉花插造型粗拙古朴。

◆ 青玉蜓螺荷叶形花插（清代）

◆ 鹤寿花插（清代）

◆ 碧玉鱼龙形花插（清代）

＞玉香炉

玉香炉是插放燃香的用具，既是祭器，也是文房用具。由于玉熏炉和玉香炉很少有人真正用于实用，只用于室内陈设，所以，有些人并不明白玉炉的分类。熏炉和香炉的最大的区别是有无镂空的炉盖，有镂空盖者叫“熏炉”，无盖者为香炉。常见玉香炉，有荸荠扁炉、高庄炉、亭子炉、冲耳高足炉、鼎式炉、簋式炉、鬲式炉等，形式多样。

◇冲耳高足炉

该炉口径10厘米，高17厘米，足高7厘米。圆形，口沿之上有冲耳。腹部自上而下出三道戟，戟饰小卷草纹，口沿饰回纹一周，以戟为中心，向两侧雕琢仿古兽面纹。三浅袋足，下接圆柱形高足，足外饰双线变形蝉纹。

◆ 玉炉（明代晚期）

◆ 仿古翠玉方炉（清代）

◆ 青玉兽面纹盖炉（清代）

◆ 仿古翠玉圆炉（清代）

◇椭圆玉簋式炉

炉高8.2厘米，长17厘米。椭圆形口、足。口微撇，束颈，口下有回纹一周，簋两侧有兽首吞夔式耳，腹两面各饰一兽面纹。

◇长方形玉鼎式炉

炉长23厘米，高8厘米。长方形，四角出戟，四面中部亦出戟，敞口，腹部为凸起的长方体，饰乳钉纹，矮足，长方形，足外饰夔龙纹，鼎两侧有兽首吞夔耳。乳钉与夔龙形状，雕法呈现明代特征。

◆ 仿古兽面纹玉炉（清代）

◆ 仿古龙首环耳玉炉（清代）

◆ 夔龙纹双耳亭式炉（清代）

◆ 缠枝花卉纹盖炉（清代）

◆ 白玉饕餮纹双耳盖炉（清代）

◆ 芙蓉石螭耳盖炉（清代）

> 玉熏

玉熏又叫“香熏”，是燃香料熏房间或衣物的用具。汉代称为“熏炉”，由托盘、承柱、炉身、盖组成。清代时又叫“花熏”，是因为熏炉都有镂空花纹的半球形盖，而民间把镂空花纹叫“锼花”，故名“花熏”。玉熏有盒式、筒式、炉式三基本形。

◇ 玉熏盒

玉熏盒是做成盒式的“香熏”，盒壁镂空成网状花纹。故宫收藏的玉螭熏盒，长方形，四壁镂空成网状，盖上雕三螭。

◇ 玉熏筒

即做成细高筒状的熏。

◇ 炉式熏

其特点是在玉香炉的器形上加了个镂空的半球形盖，是玉香熏中最主要的一类。熏体挺拔华美，一般由顶纽、盖、腹、中柱、底座五节组成，有的甚至可达九节。器皿造型复杂，仅配件造型就有盖、顶、底、耳、环、提梁、链、腹等；内膛结构又有腹膛、盖膛、足膛之分。由于器皿部件繁多，工艺复杂，艺术品位高，因此对玉料要求很高。

◆ 青玉透雕八仙人香盒（明代）

◆ 青白玉夔凤纹子刚款樽（明代）

◆ 翡翠花熏（清代）

＞玉樽

玉樽为汉代常见的器形。樽体如筒状，其上有方折的带状夔凤纹，并凸起的谷纹，谷纹似螺旋，其间有阴刻小勾云，环形柄，柄上端有一云形，其上饰兽面纹，樽底边沿，分立三个蹄形足。盖的直径较大，扣于樽上，盖中心凸起圆形纽，其上饰涡纹，纽的边沿饰小花瓣，圆纽周围还凸雕三个近似于前述三瓣形饰的旁纽，但在中心主花瓣的两侧各增加了一个小瓣。

◆ 碧玉“乾隆年制”天鸡樽（清代）

> 玉杯

◇ 汉代玉杯

筒状玉杯：直径在5厘米左右，高12～13厘米，高而细，短足，足部骤细，最下部展开似圆片，或光素或勾云纹装饰。有的还带有环形柄，并饰有双线钩的柿蒂纹及其他纹饰。

1994年江苏徐州狮子山楚王墓出土一件青白玉杯，高11.6厘米、口径6.7厘米、底径 6.1厘米。圆筒形，由器盖、器身两部分组成，子口盖，器身口沿下饰一周勾连纹带；通体饰勾连涡纹；底部有三小足，足上部各雕有一兽头，间距填勾连纹。

角形玉杯：广州南越王墓出土了一件汉代角形杯，杯口为圆形，杯身越往下越细，至下部成为缠丝状尾，向上折回，顶部分叉卷向两侧，杯身饰阴线双钩及浅浮雕勾连云纹并螭纹，螭嘴细长如锥。

◆ 勾连云纹高足玉杯（西汉）

◆ 玉杯（西汉）

◇宋代玉杯

椭圆杯：宋代玉杯式样，杯体为椭圆形，直口，椭圆圈足，杯外有仿古或应时之饰纹。有的杯带有双耳，有些杯内还勾有云纹。

单柄玉杯：宋代单柄玉杯的式样较多，柄有龙柄、蔓草柄、螭柄、兽吞柄、火焰柄等；杯身有圆形、椭圆形、八方形、荷叶形、桃形、花瓣形等。有一类单柄杯，杯柄的上端带有与杯身相接的水平状片，片上饰有云纹、火焰纹或龙螭纹，还有荷叶纹等，片下部为环。这类玉杯的杯形和饰纹的某些特征，往往成为鉴定制作年代的依据。

荷叶单柄杯：杯为折边荷叶状，一侧有一小荷叶折成的水平，荷叶之梗集成杯柄，顺杯外侧而下，至杯底卷为杯足，杯旁饰有小荷花、慈姑。杯上所雕荷叶叶脉直而长，如伞之骨架向外放射排列，叶脉顶端分小叉。宋代使用的荷叶杯较多，一般杯身较浅，荷叶边沿平直，不呈波纹状。

◇明代玉杯

雕花杯：是明代有特色的玉杯式样，因杯体外侧有大量镂雕装饰而得名。杯体也多为花形，外侧装饰花枝；也有的杯体为圆形，直口，但杯外镂雕松竹或其他图案。雕花杯的镂雕部分很大，体积超过杯体。

敞口杯：杯身稍高，敞口，其下稍敛，腹部微凸，小圈足。这类玉杯或无耳，或镂雕双花耳、双兽耳，或雕单螭柄。花耳一般结构简练，追求造型方面的大效果，细部雕琢不甚精致，留有琢磨的痕迹。单螭柄或双螭耳的螭头较扁，似缩脖，螭嘴与前爪贴于杯口，后

◆ 人物纹桃式杯（明代）

◆ 青玉龙柄桃式杯（明代）

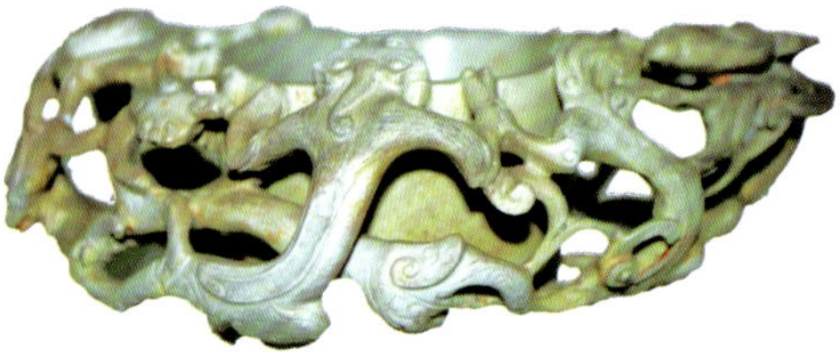

◆ 螭龙纹玉杯（明代）

◆ 白玉双螭耳杯（明代）

◆ 花形玉杯（明代）

◆ 兽面蕉叶纹耳杯（明代）

◆ 来通式玉杯（明代）

◆ 青玉兽纹双耳杯（清代）

◆ 青玉透雕双螭耳杯（清代）

足踏杯身。螭的造型，多数都追求一个“方”字，螭的头形、爪、身体横截面以致四肢折弯处，都不甚圆润，给人一种内含的方折及力度感。

乳钉杯：杯身极矮，直口，直壁，底部内收，圈足，杯外饰三四周乳钉纹，乳钉多达百个，又有单柄或双耳两种。单柄为环形，上部有一方形；双耳则为方折夔式耳，耳上部为圭形小鋬。

直口八方杯：八方形，直口，八方形足，足外撇，口两侧各一方折夔式柄，柄上部为圭形横。杯腹为八方形，每一方内饰回纹锦地并夔龙拐子纹。

八瓣菱花式杯：杯为菱花形口，杯壁凸凹变化与杯口形状相应，八瓣菱花形足，方折夔式耳，耳上有水平，鋬上饰兽面纹。

托杯：玉杯之下带有托盘，盘或为长方倭角、海棠式、椭圆形。盘极浅，平底，底内凸雕纹饰，或龙纹，或双螭，或花卉。盘中心凸起一圆台，可承杯。与圆台对应外底中部稍凹。

小匜杯：有方形和长椭圆形，杯身长而窄，杯口前端向前凸，并呈弧状凹，形成流口。杯外侧饰纹种类颇多，或山水图案，

◆ 定陵出土玉耳杯（明代）

或仿古云雷纹，或长条状瓦纹，或光素。杯柄也有夔龙柄、兽吞柄等多种样式。

莲瓣：杯形为荷花之一瓣，似小船，一端尖，另一端镂雕小莲花、荷叶，并镂雕枝蔓以为杯柄，杯底有荷叶式足。

桃式杯：杯形如桃，一侧有桃枝形柄，柄上有桃叶及花。

葵花杯：杯形如秋葵花，花瓣相叠而成杯壁，杯里底部多有凸起的花蕊，圆形葵瓣足。秋葵之瓣顶部较圆，形成连弧状，花瓣表面或有细长的阴刻线，花蕊上有网格状饰纹，以秋葵枝叶为柄，花叶雕琢有力，不圆润。

石榴杯：形如石榴，一端为杯口，另一端为枝叶组成的杯柄。

斗式杯：明代斗式杯的种类较多，杯形如斗，上宽下窄，口、足皆四方形，大致有三个类型：（1）山水纹斗式杯，杯外表有极浅的山水人物图案，图案结构简练，人物只注重外形表现；（2）仿古纹饰斗式杯，在杯口沿或下沿部饰勾云纹、夔龙纹，或山形纹。（3）单杯斗式杯，在杯的一侧雕有一柄，或灵芝式或方折夔式。

清代玉杯的成就很高，杯式之多，可以说是集历代之大成。有一类玉杯，可称为仿古式，即仿前代各式玉杯。从鉴定角度来看，有清代特色的玉杯有两类：一类

◆ 碧玉菊瓣纹双耳杯、盘（明代）

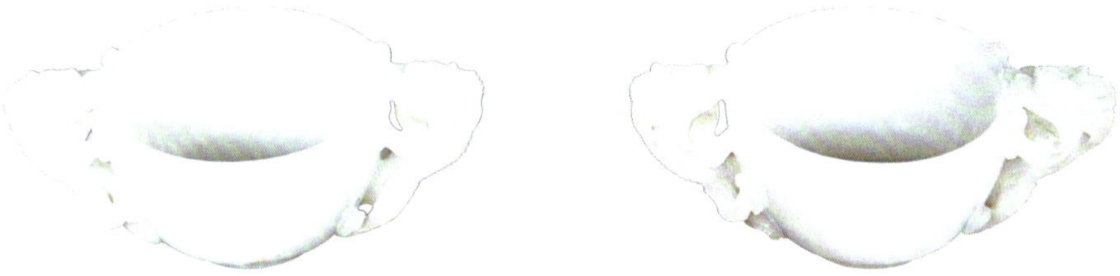

◆ 白玉双龙耳杯（清代）

玉杯把杯形琢成荷花、菊瓣、海棠、石榴、葵花、贝叶等花叶形状，另一类玉杯在几何形杯体上附加人形、螭形玉耳、螭纹，或带有兽面纹。这两类玉杯存世较多。

玉杯的清代风格主要体现在附加物的制作工艺特点上。例如，玉人的头较小，开脸较细致，眼与嘴用线刻，鼻较高；衣纹简练而短，衣褶没有凸起锋棱，裤腿较瘦。又如玉螭之形与明代玉螭相近，但玉螭的头部简练，五官集中于螭头的前部。再如兽面纹多仿汉代之制，但所用线纹较多，兽面纹的眼无神等。

＞玉盒

玉盒在明代大量出现，大部分系玩赏之物。

玉盒有方盒、圆盒、桃式盒、荔枝盒、银锭盒、蔗段盒、蒸饼式等式样，其中，方盒有较多变形处理，有的上宽下窄，底部有足；有的上下等宽，底部稍凹；有的盒盖隆起；有的四壁稍有弧度。另外，玉盒所饰纹饰也有多种，有些玉盒的纹饰很有特点，故也有以纹饰特点命名的。

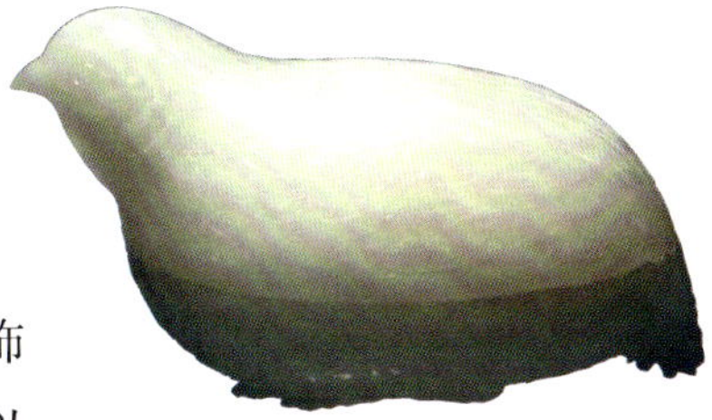

◆ 鹌鹑形盒（清代）

◇ 云螭盒

盒表面浅雕云螭纹，朵云勾连，不留空地，螭在云中，为爬行状，一只后腿前伸，另一只后蹬，后蹬之腿蹬直，爪部上折。

◇ 花果盒

盒表面饰梅花、桃花、荔枝、竹叶等。梅枝干较粗，花、叶疏朗，花瓣磨成圆形凹面。桃实图案也较简练，粗枝大叶，叶形变化不多，叶脉疏简。荔枝的果实上常饰有细密的锦纹，或为小三角形，或为方格内雕“米”字。竹叶也较粗大，寥寥几枝。

◇ 山水盒

饰山水图案。构图疏朗，意境苍古枯淡。山水浅勾外形，中近景只有稀疏古树，一个草亭和二三个只具轮廓的人物。

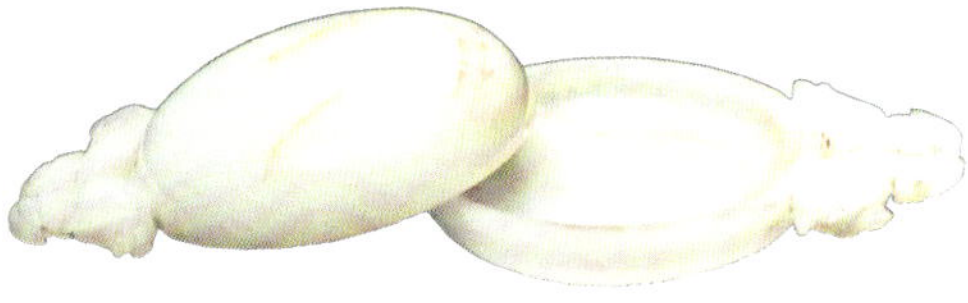

◆ 白玉鸳鸯柄圆盒（宋代）

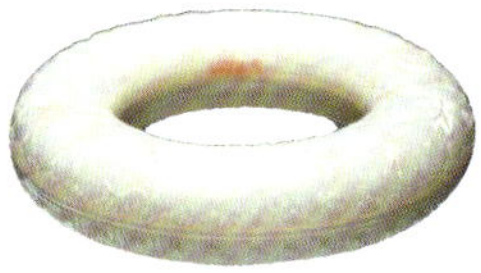

◆ 青白玉花卉纹圈形盒（清代）

◆ 青玉桃盒（清代）

◆ 青玉牡丹纹印盒（清代）

> 玉灯

玉灯传世品现藏北京故宫博物院，时代属战国。高12.8厘米. 盘径10.2厘米，灯由盘、支柱、底座三部分组成，灯盘圆形浅腹，中心凸起一团花柱。支柱分上下两段。上段浮雕叶瓣纹，中间束腰；下段浅刻勾连云纹。底座作覆盘状，外表浅浮雕出柿蒂纹，边缘和底座内部饰勾连云纹。这件作品玉质优良，造型规整，琢磨精细。

> 玉碗

◆ 青玉刻花碗（明代）

◆ 青玉碗（清代）

玉碗的制作要采用旋心法制坯，工艺原理虽不复杂，但在没有转速稳定机械动力条件下，要将玉料加工成碗的粗坯，是极其费料和费时的。故明以前玉碗不多。明代玉碗胎较厚，有敞口、直口两种，圆形，碗外壁多饰有龙纹、鱼纹、花卉纹、山水人物纹。

花卉纹玉碗多为永乐、宣德年间的作品，碗外壁饰有大花、大叶，叶面和花瓣上留有较多的平面，布局不满，留有较多的空白，雕法多是在图案边缘处以斜刀剔下，图案表面与碗壁近似于一个平面上，或用浅浮雕凸出图案，与同时代雕漆制造有近似之处。

龙纹、鱼纹的玉碗多为嘉靖年间以后的作品，图案多为阴线琢成，龙身细长如绳，爪如风车，发短而前冲，环眼如灯，有三绺形眉。

◆ 花卉纹碗（明代）

◆ 白玉“嘉庆御赏”碗（清代）

◆ 玉碗（明代）

THE FORM OF JADE ARTICLES

玉首饰

玉首饰主要是头、颈、手上所佩戴的玉饰物。其中用于头部的饰物种类最多，有发饰、冠饰、耳饰等。人们佩戴发饰，主要是给别人看的，头发的部位在一个人的最高处，在这里佩戴一些饰物，可以达到装饰自己的目的。古玉发饰主要有笄、梳、发箍、戚璧，冠饰有帽正、炉顶，耳饰有玉玦、玉瑱等。

> 玉簪

玉簪又叫“笄”，是古人用来插定发髻，或用于将冠别在发髻上的长针状用具。我国古代男女都留长发，都要用安发之簪，但固冕弁之簪，只为官员和男子所用。当然，簪有木、竹、象牙、金、银、铜、玉等材质，而玉簪是其中较名贵的一种。新石器时代就有玉簪。

玉笄在汉代仍继续使用，但为数不多，目前发现的以满城一号墓出土的一件透雕凤鸟纹笄最为精美，长19.3厘米，最宽1.5厘米，白玉质，首部透雕凤鸟纹和卷云纹，笄身细长，微作弧形，阴刻卷云纹，末端刻一鱼头形象，鱼目穿孔。

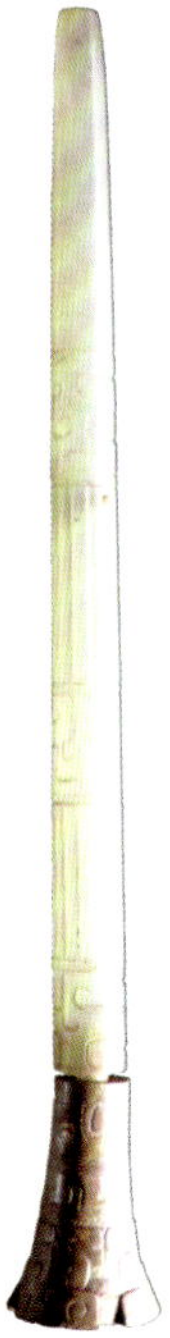

◆ 玉笄（春秋）

◆ 玉簪（明代）

◆ 玉簪（明代）

◆ 玉笄（西汉）

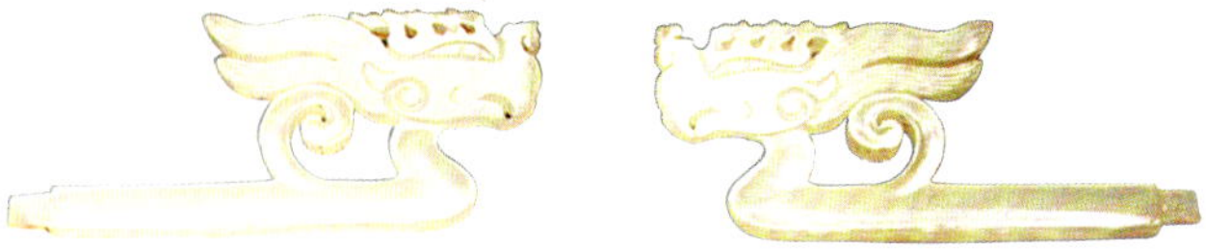

◆ 凤首簪（唐代）

> 玉梳

玉梳，古代又叫“栉”，包括密齿和疏齿两类。疏齿者，名“梳”，用于梳发；密齿者名“篦”，用于除垢。玉梳最早出现在陶寺龙山文化墓地中，其后历代均有少量出土。

◆ 玉梳（战国）

商代妇好墓出土的两件玉梳，是妇好生前的用品。一件梳背上雕有双鹦鹉，鹦鹉头相向，作站立状，有梳齿15枚，3枚已断去，梳背有圆孔。另一件两面雕兽面纹，顶上有一长方形突出，宽而低，有梳齿八齿。玉梳的用料很薄，做工又很精致，加之历代妇女都有在头发上插梳作为装饰的习俗。所以，有人认为妇好墓出土的玉梳或许就是装饰品。

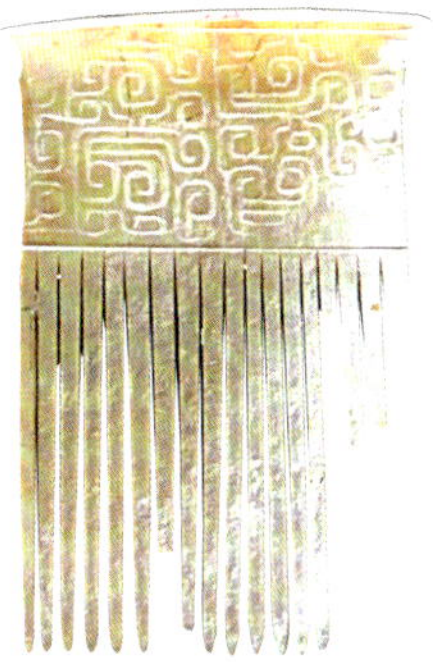

◆ 玉梳（春秋）

在淅川下寺一号楚墓中发现一件玉梳，高7.7厘米，宽5.6厘米，厚0.5厘米，玉呈棕黄色，形体呈长方形，正背面饰云纹，共18齿，其中有6齿残断。

另在曾侯乙墓发现一件完整的玉梳，通长9.6厘米，宽6～6.5厘米，厚0.4厘米，玉灰白色，略呈梯形，梳身两面阴刻云纹和斜线纹，梳共23齿。梳身多饰云纹，这是东周玉梳与前代相区别的重要特征之一。

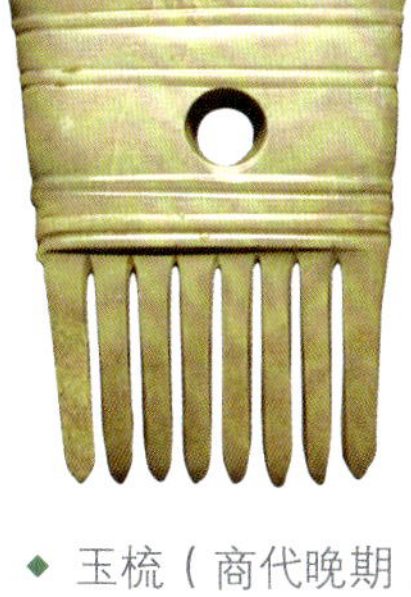

◆ 玉梳（商代晚期）

◇ 唐代玉梳

唐代妇女有将梳子插于头上以为装饰的习俗。唐代玉梳是一种装饰品，所用玉片也很薄。玉梳的形状较一致，梳背为弧形，近梳背处镂雕图案，齿端较平

◆ 花卉纹梳背（唐代）

直，微外凸。梳上所饰图案，以卷草纹、云纹为多，是唐代纹饰的特征。

另外，唐代出土玉器中还有玉梳背。玉梳背是镶嵌在银梳或木梳之上，传世玉器中也常见到。梳背为扁长条状，下部平直，上部为微凸的弧线形，下边沿处有一道薄于玉梳的边棱，可能用于插嵌，背部边沿处磨低，低于中部图案，形成边沿低中部高的形态。图案用斜坡刀琢出，大花大叶十分紧凑，而图案又十分一致，花似野菊，叶如向日葵之叶，并有阴刻叶脉。

> 戚璧

戚璧，有人称之为“牙璧”，是说它很像玉兵器中的“戚”。吴大澂《古玉图考》中定名为“璇玑”，认为这是浑天仪上的机轮，其形状应当是一律的。但出土的“璇玑”，有的外廓分成三节、四节，或分为更多节的，每节上的小齿，有的是六齿，有的没有齿。还有一件是琢三只鸟来分节的。由此可知其不会是浑天仪上的

◆ 三牙玉璧（龙山文化时期）

零件。何况这种器物，在新石器时代已经有了，陕西神木县龙山文化遗址、山东胶县三里河大汶口文化遗址、山东五莲丹土村龙山文化遗址、辽宁大连市营城子四平山汉代文化遗址，都有出土。

◆ 玉璇玑（商代）

有人认为戚璧是发饰，但戚璧的器形有很多不同。例如，中间的孔，有的孔大小适于束发，有的孔太小，也有的孔太大，都不宜束发。因此，戚璧的用途可能有三种：

孔的大小，可以容发，而且边缘比较锐利，不适于佩在臂上或腰间，应当如石璋如所说，是束发之器。

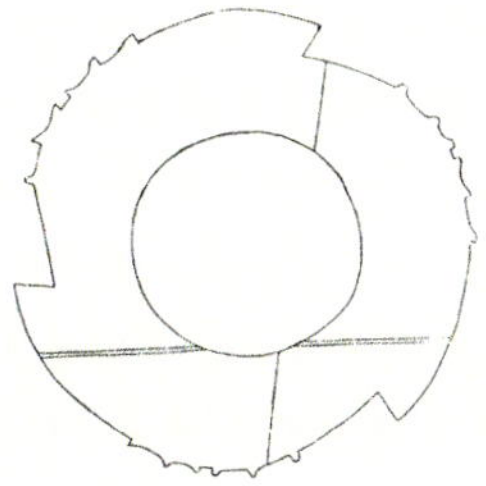

◆ 玉璇玑

中孔颇大，而边缘并不锐利，像是在外缘上刻几个缺口而已，佩在臂上，不会有刺伤皮肤之虞，可能是镯子。镯子的外沿琢纹饰很多。

尺寸较小，长只4.4厘米，中孔也极小，不能束发，也不能佩在臂上，它可能是一个系璧，系上一根绳子，佩在腰间，作为腰间佩饰。戚璧的传世品很多，龙山文化五莲丹土村出土的一件，并未分节，只在外沿等距离的地方，各琢出三个小型的突出。

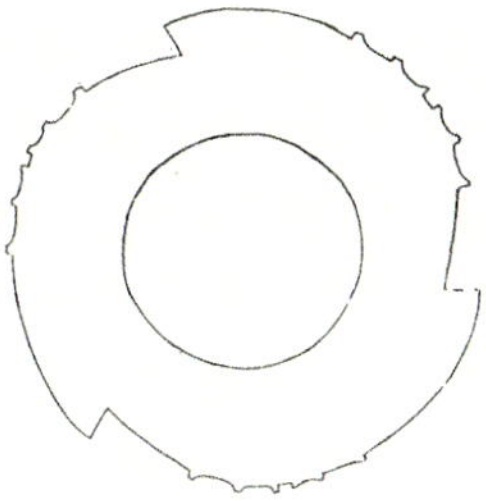

◆ 玉璇玑

美国私人藏一件戚璧，沿边的地用凹线琢出三只虎来，虎的尾巴都伸出廓外，用这尾巴来分节。但其也可能是腰间的佩饰，或镯子。

>帽正

帽正是缝在帽子上的装饰玉，不仅好看，而且还有“正冠”的作用。帽子戴在头上，要有一定的方向，缝上一块玉或一颗珠、石，作为记号，便不会把帽子戴歪了。这种玉制珠饰古代叫“璂”，俗称“帽正”。

吴大澂在《古玉图考》中认为冠上的饰玉，通常用12块颜色不同的玉，这些玉的合名叫“璂”。《周礼·弁师》：“王之皮弁，会五采玉璂，象邸，玉笄。”注解说：“会，缝中也。璂，结也。皮弁之缝中，每贯结五采玉十二以为饰，谓之璂。邸，下抵也，以象骨为之。”弁师之说，第一句便是璂，用十二玉为饰，也只是王之皮弁，一般人所用之，大多数只用一块玉，或一块宝石之类。

◆ 白玉镂雕梅花纹帽正（明代）

项链

项链是挂在脖子上的装饰物。世界各地都有挂项链的风俗。项链最普通的形式是将一些比较小的东西，比如珠子、管状物穿成一串，两端系起来成为一个圈，可以挂在脖子上，这就是项链。它的长度有的刚好绕颈一周，有的长可及胸，也有的很长，可以绕二三周。用的人多了，形状就有许多变化。现代项链，除链条外，一般还包括“项坠”和“搭扣”两个部分，为项链装饰的重点。但这种项链在清代才出现，在这以前，都是由翡翠、玛瑙、松石珠串成。最短的叫卡脖链，长约37米，最长的88厘米。

◆ 玉舞人玛瑙水晶串饰（西汉）

> 佛珠

佛教徒念佛时，计诵经次数的串珠，故名“佛珠”，又称“数珠”。一般由108八颗珠子组成一串，所以又名“百八丸”。也有14颗、18颗、21颗、27颗、36颗、42颗和1080颗组成的。通常用香木车成小圆粒，贯穿成串，也有用玛瑙、玉石、瓷等制成的。少数珠上刻有纹饰，并配有流苏。“百八丸”，即以108颗珠组成。“十八子”，即18颗珠串组成。

◆ 六棱橄榄形红玛瑙穿珠（西汉）

> 璎珞

璎珞是用线缕穿串珠玉而成的项饰。虽然璎珞和项链同为项饰，但形制不同。项链多为串珠式，基本呈环状。璎珞则是在项链环状的基础上又增加了若干条对称下垂的珠串，所以璎珞在形式上更加丰富多彩。

>扳指

扳指也称“搬指”，最初是戴在拇指上便于射箭时钩弦的筒状物。后来转化为装饰品，但仍戴在大拇指上。清代谢堃《金玉琐碎》说：“扳指，即俗所云童子佩韘之韘也，注韘决也，以象骨为之，著右手大指，所以钩弦也。好事者琢玉为之，美其饰也。或曰所制非古，盖未审韘之义，且见近所制甚多故耳。”河南安阳妇好墓出土扳指（韘）一件，高2.7～3.8厘米，径2.4厘米，壁厚0.4厘米，深绿色，下端平齐，上端呈斜面，中空，恰好可套入成年人的拇指，前面下端有一道凹下用以钩弦的槽，正面雕一方眼长眉的兽面形象，双目下各有一孔可供穿绳缚于手腕。说明其是挽弓用的。

◆ 翠扳指（清代）

◆ 韘

扳指出土不多。故宫博物院珍宝馆陈列有清代玉扳指，有些是翡翠的。据《滇海虞衡志》记，云南制作玉扳指较多，“玉扳指、玉手镯，官吏无不戴之，女钏同男，或一手双钏以为荣。”

>玉玦

玦起源于新石器时代。长江流域的为圆形，有一缺口，素面无纹，是一种耳饰。确认玦是耳饰，是根据科学考古发现证实的，因为考古出土记录，其一般置于尸骨的耳旁，从而结束了对其用途的种种猜测。

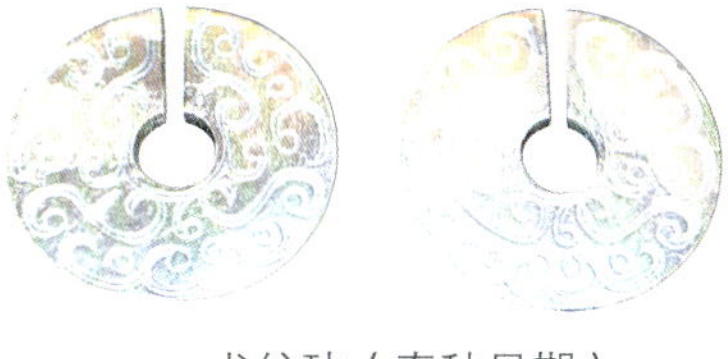

◆ 龙纹玦（春秋早期）

> 玉瑱

耳坠饰之一，垂在冠旁，正当耳际，也可能就直接挂在耳朵上。但葬玉中却用为耳塞。考古发掘中出土的玉瑱有很多种，如巫山大溪新石器时代遗址出土的玉瑱，有玦形、梯形和圆形三种。其他新石器时代遗址中也出土过玉瑱，大小在3～4厘米之间，每个上端都有一个小孔，状虽不固定，但都属于玉瑱。

◆ 绿松石耳坠（良渚文化时期）

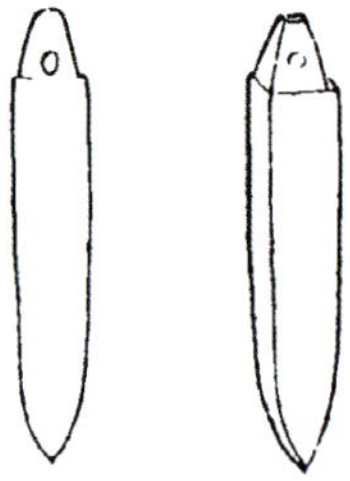

◆ 玉瑱

> 玉镯

“镯”是俗称，文雅的名字叫“钏”。玉镯的种类不太多，有硬身二开、硬身三开、麻花、正圆、椭图、出廓等式。

◆ 弦纹玉镯（商代）

◆ 玉镯（良渚文化时期）

◆ 青玉绞丝镯（明代）

＞玉锁

锁形，片状，表面琢有文字，如“长命百岁”、“永保长青”、“玉堂富贵”等。

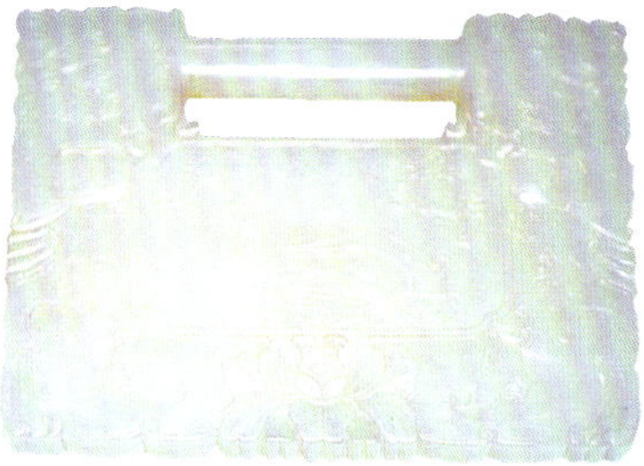

◆ 青玉“寿同日月”锁形佩（清代）

◆ 玉锁形佩（现代）

＞玉帽顶、玉炉顶

玉帽顶，金元时期用于束发之物，是北方少数民族的习俗。在中原地区流行不过百年。

明代时，人们束发不再用帽顶，后人对这种束发器生疏起来，或者是它的样子很像玉香熏的顶盖，而人们又往往把玉香熏俗称为炉。当然，用元代玉帽顶改做炉顶也是可能的。所以后人统称之为炉顶。明人高濂在《遵生八笺》中记有“自唐宋以下所制不一，炉顶、帽顶……工致极矣，尽矣。”

金元玉炉顶雕琢水平较高，采用钻孔透空之法，内部有镂雕的树木、草茎，乃至蟠伏的龙身。所雕内容有龙穿牡丹、鹘捕天鹅、鹭鸶荷叶、松灵老人、山林群鹿、五禽秋葵、鹤鹿仙人、双螭抱石等。其中较为特殊的是鸳鸯卧莲与双螭抱石两种。

鸳鸯卧莲炉顶：为圆雕鸳鸯一只，卧于一大荷叶上，口衔水草，其上有莲花，荷叶为倒扣式，底心内凹，荷边明显地分为四连弧状。鸳鸯为细长眼，头大而颈细，似顶蘑菇，羽及尾上有细长的阴刻线。

双螭抱石炉顶：内部为一扁玉，形似碑头，外面凸雕前后两螭，首尾相追，螭口内衔灵芝，灵芝与螭皆为元代风格。

◆ 莲鹭纹炉顶（元代）

◆ 玉炉顶（明代）

◆ 青玉鸳鸯卧莲炉顶（明代）

玉带饰

古代服饰上的玉饰件，主要有玉带钩、玉带扣、玉提携、玉带饰几种。这几种玉服饰主要用于腰带之上，有的要与服装配套使用，不同于玉佩等饰物，所以能自成一类。

古代对服装的管理是很严格的，不仅官民有别，而且官服又有朝服、常服之分，民服的穿着也有森严的等级制度。玉带饰作为一种专用服饰，自然也有许多讲究。

玉带饰，是朝服、常服腰带上的玉制装饰件，也是官阶等级最集中最典型的体现。玉带之制，始于唐代，完善于明代。历代对玉带的规定不同。唐代玉带以十三銙为最高级，只有皇帝才能使用。宋代玉带承袭唐代之制，但玉上的图案改用花卉。明代玉带的使用很严格，只有帝王、一品官、公、侯、伯、驸马或皇帝特赐才能使用。清代废除玉带之制，玉带也就不再制作了。

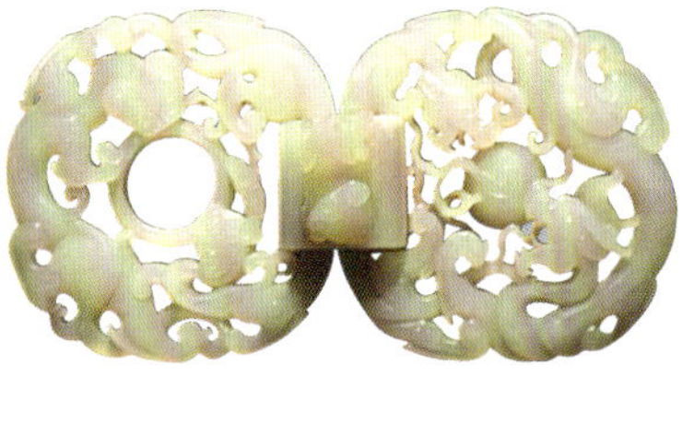

> 玉带板

玉带板是指装饰在公服大带上的两种玉饰物——銙和铊尾。出土的古代玉带，主要指由銙和铊尾组成的整套玉饰。

自唐代以来，公服实行大带制，对公服大带上的饰物和材质作了规定，作为区别官职高低的重要标志之一。公服大带由鞓、銙、扣、铊尾四个部分组成。其中，鞓是用皮革制成的带子，是大带的基础，一般分前后两条。前面的一条上钻有圆孔，以圆孔来别住扣针，铊尾就安在皮带两端。銙，是安在另一条皮带外侧的装饰物，有方形和椭圆形两种。穿公服束玉带时，有銙的一面是位于身后的，前带两端的铊尾是在身前朝下的。

大带的銙、扣、铊尾，可以用金、银、玉制成。其中玉带（即玉銙、玉铊尾）是大带中最尊贵的。大带上的銙，各

◆ 击鼓乐伎带板（唐代）

◆ 吹笙乐伎带板（南宋）

◆ 双鹦鹉纹饰（明代）

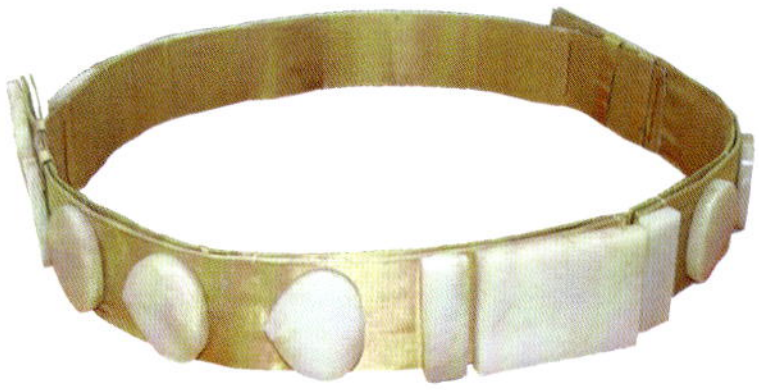

◆ 定陵出土玉带（明代）

◆ 人狮纹带板（南北朝）

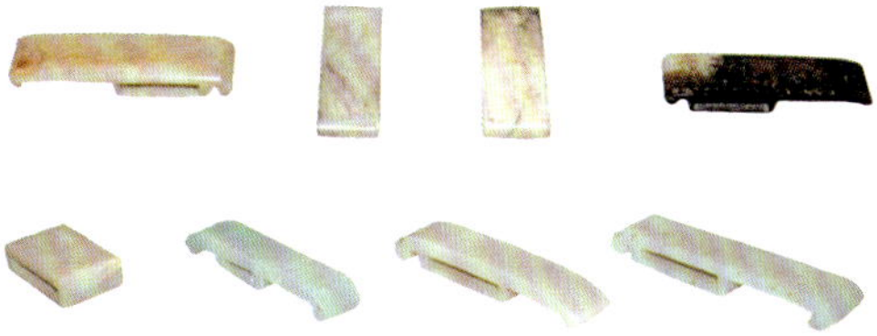

◆ 仿古文王带（清代）

◆ 云鹤连珠纹饰（明代）

◆ 莲鸭纹饰（元代）

◆ 龙纹玉带饰（元代）

◆ 团龙纹带饰（明代）

◆ 龙穿牡丹带饰（明代）

朝代有不同的规定。

唐代玉带板较厚，图案为减地浮雕，自边沿向内坡状凹下，使中部图案凸起，与边沿等高。纹饰有人物、花鸟、动物，人物纹多见手持乐器的伎乐人，还有进宝人等。人物形象，头大而方，高鼻，裤、袖皆细瘦，其上又有阴刻的弧线以表示衣褶。

宋代玉带板以江西上饶出土的玉带为代表，这套带板共出土8块，背面刻数字，最大数字为十，因而全套带板应为10块，其中有佚。一块为铊，长方形，一端椭圆，余皆为方形，带板上雕琢细阴刻人像，人像整体上看上部较窄，下部较宽，衣褶的表现上较多地使用近似于平行的长弧线，线条细而挺，微有弧度。

明初的玉带板，由16～25块白玉板组成，纹饰有龙纹、花鸟纹等。明中期之

◆ 白玉仕女带饰（元代）

◆ 花果纹带饰（元代）

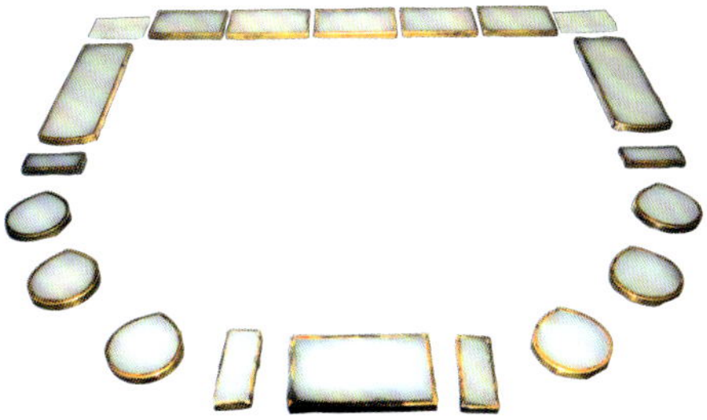

◆ 鎏金扣素面玉带板（明代晚期）

◆ 鹿纹玉带板（明代）

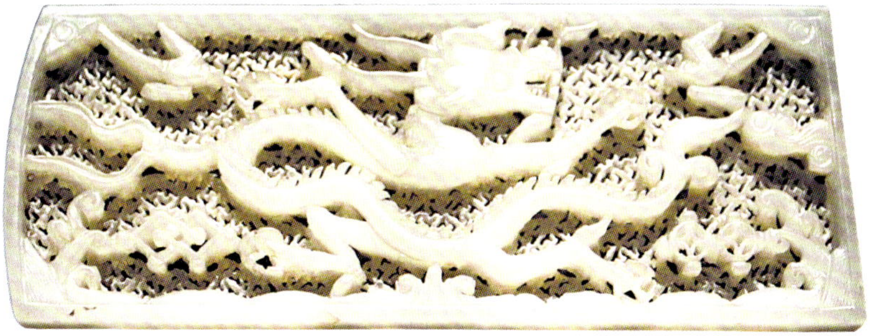

◆ 龙纹玉带板（明代）

后，镂雕玉带板流行，并采用了多层次镂雕，即在镂雕图案的下面再镂雕一层图案。一套带板计20块，分为桃形、条形、长方形及铊尾。

明代玉带板的图案非常丰富，有龙纹、太平花、双鱼、麒麟、百子、良臣、戏狮、豢鹿等多种。江西明益宣王墓出土的玉带板，中心雕瓜，四周雕花瓣的花形带板，是明代玉带板的又一风格。

> 玉带钩

带钩是春秋时期我国北方少数民族发明的勾连腰带的用具，其制一端曲首、背有圆钮。带钩式样很多，常见的有棒形、竹节形、琴面形、圆形和兽形。还有是在金属带钩上嵌绿松石和玉饰的。带钩盛行于战国至汉代，魏晋时仍沿用。

战国玉带钩，有长钩和短钩两种，钩头作兽头或鸟头状，腹部有螳螂肚、琵琶肚、笏板式肚等多种样式，腹上饰阴刻线纹、勾云纹或光素，背面的脐一般都光素无纹饰，或圈，或椭圆形。

汉代玉带钩，有长钩、短钩、琵琶肚、扁担腰、方头、圆头等多种形式。

鸟头钩：钩腹较宽，琵琶形，中部凸起，其上纹饰浅而简略，似为鸟羽，颈细长，钩头似鸟头。造型极简单。

◆ 兽面玉带钩（战国）

◆ 马首玉带钩（战国）

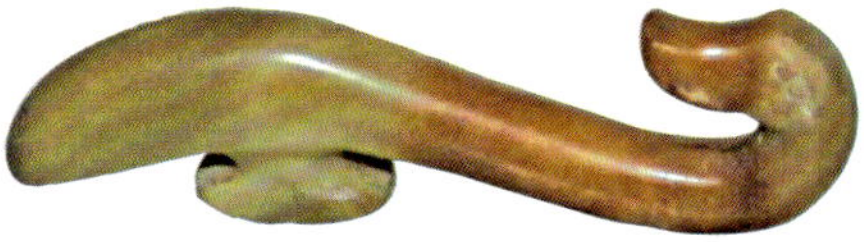

◆ 玉带钩（西汉）

◆ 螭首玉带钩（战国）

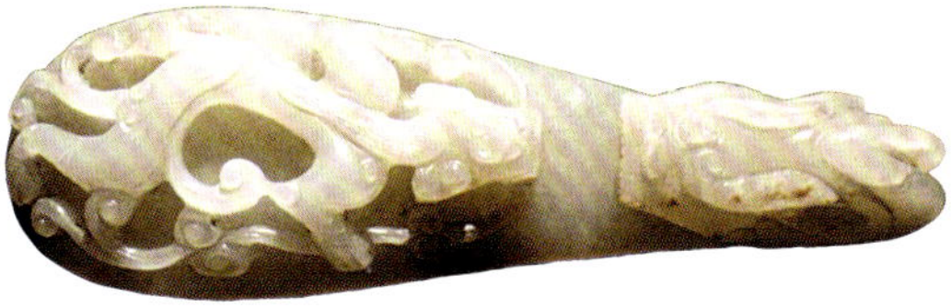

◆ 青白玉龙首螭纹带钩（元代）

◆ 龙首螭纹带钩（元代）

◇ 宋代玉带钩

有蟠螭带钩、鸟头带钩、鱼柄带钩等应时式样。

蟠螭纹带钩：较元、明带钩要窄小精致，钩头或为兽头，或为鸟头，钩头与钩腹间距较小，钩颈转弯处较宽厚，腹部凸雕螭纹。

鱼形带钩：整体为细长鱼形，鱼背鳍短而呈锯齿状，鱼尾一部分向上翻成钩头，另一部分翻向与钩头相背的一侧，鱼身饰鳞纹，鱼腹上端雕一慈姑以为钩脐。

鱼兽纹带钩：钩头为兽首，钩腹为鱼形，鱼无鳞，小圆坑眼，身侧有一道细阴线，鱼尾分向两侧，带钩背面有一小圆脐。

◇ 明代玉带钩

明代以螭龙带钩数量最多。螭龙带钩，螭龙以双角为多，长披发。嘴部稍前倾。龙耳较长，眼有阴刻圆环眼和“虾米眼”两种，带钩腹部蟠螭细而长，爬行状，眼、鼻集中于头的前部，螭头与龙头相对，螭身或有细小的双阴线纹饰。

明代青玉螳螂带钩，钩头为螳螂头，双圈眼，尖嘴，钩腹雕一卧蝉，蝉双眼为椭圆形，其上阴刻椭圆圈，翅窄长，翅上饰一端圆一端尖的纹饰，蝉的尾部圆弧状，两端内卷似勾云。

◇清代玉带钩

清代玉带钩的做工比明代精巧，磨光度也高，有些钩雕鸟、兽、虫、鱼、花草、灵芝和“丹凤朝阳”、“三阳开泰”等，艺术水平颇高，也有些雕龙、凤、螭的大钩，就体量和雕琢精工而论，可称是玉钩中重器，但全形却往往有钩身肥重、首大颈粗之弊。另外清代有些光素螳螂肚形钩，钩身分三棱打洼，造型优美，配以适当雕饰的钩首，充分展现了玉质的天然之美和准确加工的工艺美，其艺术水平超过雕镂繁复者。

◆ 玉带钩（明代）

◆ 青玉带钩（清代）

> 玉带扣

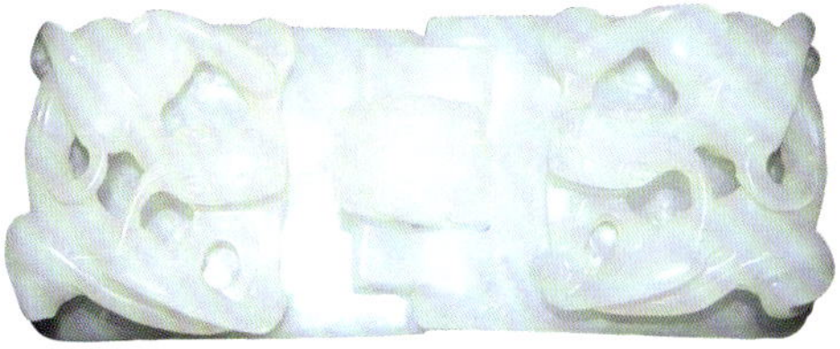

◆ 龙首螭纹玉带扣（明代）

玉带扣是一种束腰带用具，一般以两个方形或椭圆形为一副。其中一件为钩，即在一端做出一弯钩，钩作龙首形；另一件作环，即一端作一个椭圆形环。钩头和环正好能勾连在一起。在两块玉的正面有浮雕或镂雕纹饰。

元代玉带扣分为三个部分，两侧为片状玉板，各带一个环头，中部有一个套环将其套接，呈三环相接的形式。玉板上有孔可扣合带头。带扣的纹饰很多，或为凸雕的螭纹，或为镂雕的鹘捉鹅图案。

明代玉带扣，以两个倭角方板相连，方板上有孔，可扣合带头，孔四周圆雕螭纹或云纹，两个玉板间或以一个玉套管套住方板侧面的半环相连，或者采用类似合页的连榫相接。

另外，明代玉器镂雕技术盛行，制作了许多镂雕玉带扣，做工极其精湛。如明代镂雕双环带扣，两环的形状近似于鸡心佩。一环中心为孔，可扣合带头，环四周镂雕双螭；另一环中心封死，背面有一凸榫，可接连绦带，环四周亦雕双螭。两环用一方形套管相连。

◆ 白玉螭龙纹带扣（明代）

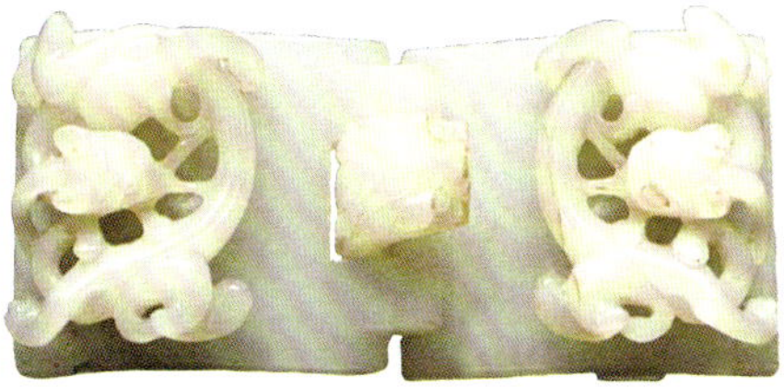

◆ 白玉螭虎纹龙首带钩扣（明代）

◆ 青玉螭虎纹龙首带钩扣（清代）

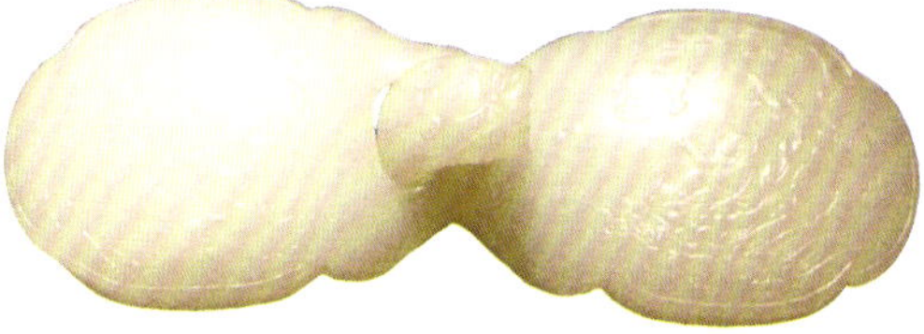

◆ 张骞乘槎玉带扣（清代）

> 提携

提携又叫玉束带。

宋代提携有长方形、椭圆形、花形、荷叶形等多种样式，束带较厚，两侧间有一扁通孔，革带可从通孔中穿过。多数束带正面图案边缘呈齿状或小连弧状，相应的侧面有平行的横棱，有些束带下部带有长而窄的玉环，以备悬挂物件。

明代提携较宋元时小而精致，有活环、死环两种。

文房用具

玉文房用具有砚、毛笔管、臂搁、水盂、墨床、笔洗、炉、瓶、玉刀、色盘等。但其中有许多不是实用品。例如玉砚就不实用，因其缺少发墨功能，所以也只能是一种陈设品。

水丞可贮水备研墨时使用，水是用小勺舀出。砚滴，口上有盖，盖下带一筒状柱，将盖提起时，柱中水随柱提出。

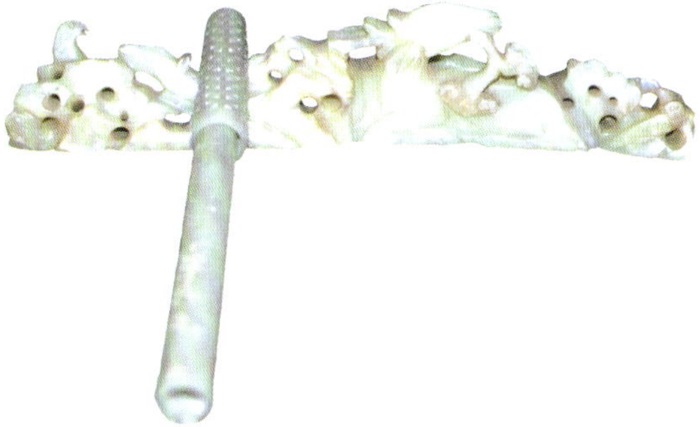

＞玉砚

明早期玉砚见于山东省朱檀墓出土玉器。

明代中晚期尚有玉砚，多数明代玉砚的形体较小，较薄。

清代玉砚有“凤”字形砚、龙凤蕉叶随形砚、卧鹅式砚、凤背砚等。

◆ 碧玉“莲叶”随形砚（清代）

◆ 翡翠桃式砚（清代）

◆ 青玉鹅式砚（明代）

◆ 松花江石桃形葫芦砚（清代）

◆ 松花江石长方砚（清代）

玉笔筒

笔筒是用于盛放毛笔的筒状物。由于笔筒的材质与功能无关，只要好看名贵，都可以用来制作笔筒，所以用来制作笔筒的材料很多，玉笔筒也很流行。常见的玉笔筒多为碧玉，也有用黄玉、白玉等制作的。器形以圆筒形居多，外面都有浮雕的山水人物，做工非常精细。

清代玉笔筒外壁上的图案，以表现景致为主，有名的玉笔筒有“岁寒三友图笔筒”、“狩猎图笔筒”、“观瀑图笔筒”及“春夜宴桃李园图笔筒”等。

◆ 翡翠笔筒（现代）

◆ 白玉雕松树笔筒（清代）

◆ 青玉雕水仙花笔筒（清代）

◆ 青白玉梅花随形笔筒（清代）

> 玉臂搁

古人写毛笔字，是从右边开始，从上至下的，在文字换行时，手腕又正好在刚写好的字上，因墨迹没有干透，很容易把衣服弄脏，也容易把刚写的字蹭模糊。所以人们发明了臂搁。

最早，臂搁是用一节竹子一剖两半，略为修光，每块就是一件臂搁。由于半竹筒腹腔很大，只有两条边和纸接触，所以非常实用。用其他材料制作臂搁，就比较麻烦，因为要挖出一个很规整的空槽很不容易。所以臂搁一般都用竹筒制作。用玉制作臂搁并没有什么突出的实用优点，仅仅是名贵而已。正像许多文房用具一样，臂搁也大多演化为艺术陈设品，只是在表现形式上仍保持文房用具的原形。

臂搁在宋代就已出现。现知早期玉臂搁为故宫所存的双螭臂搁，就其螭纹风格看，属元代或明初。

元代的玉臂搁出土很少，仅见故宫博物院藏品。表面高浮雕双螭相对，中间一株灵芝，玉表面有黄包沁色。

明代玉臂搁以陆子刚所制最好。故宫博物院存有一件松鹤图玉臂搁，署“子刚”款。

> 玉墨床

古人用来放墨锭的小玉件。墨锭用于研墨后，一头沾上了墨汁，为使墨汁不弄脏别处，所以要为刚用的墨锭找一个地方存放，以便把墨锭晾干。墨床就是这样一种用具。墨床这一名字取得生动

◆ 水晶墨床（清代）

◆ 白玉俎式墨床（清代）

◆ 白玉墨床（清代）

◆ 白玉墨床（清代）

◆ 黄玛瑙竹节式墨床（清代）

形象，就是要为刚工作过的墨锭提供一个地方休息。

由于墨锭不大，所以墨床也不大。据说明代文人喜欢用剑饰“璏”来当墨床，所以有人也把剑饰“璏”称为墨床。不过，这种命名也不够妥当，虽然“璏”可以当墨床来用，却不能叫做墨床。

常见的墨床形状并不同，有的做成小儿形，有的做成多宝形，有的做成盒形，但不论形状如何，都以小巧为美。

> 玉笔架

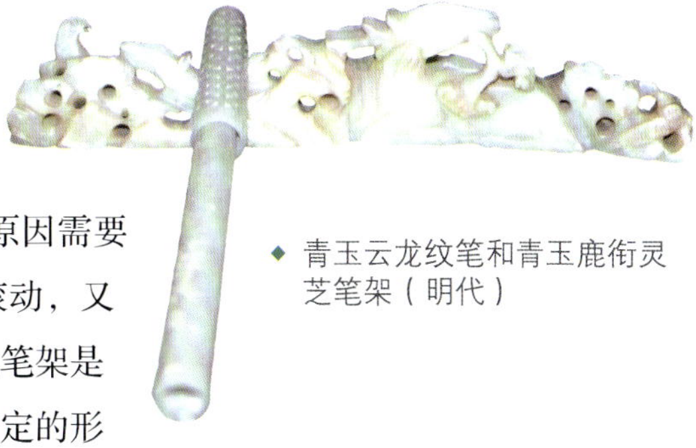

◆ 青玉云龙纹笔和青玉鹿衔灵芝笔架（明代）

玉笔架又叫玉笔山，是临时搁放毛笔的用具。古人写毛笔字时，因各种原因需要暂时把毛笔放下，毛笔是圆管状，易于滚动，又因毛笔头蘸有墨，易于把物品弄脏。所以笔架是文房中不可缺少的用具之一。笔架没有固定的形

◆ 水晶灵芝水盂笔架（清代）

◆ 青玉鹿纹笔架（明代）

◆ 白玉雕螭毛笔（明代）

状，只要能让毛笔头悬空，同时又限制毛笔杆滚动，就可以了。所以一般的笔架多为三峰或为多峰，其上有重叠的山石纹，似仿披麻皴法。有些笔山上还有用钻钻出的透孔，做成太湖石形状的，在石旁边又做出几叶细竹。凡此种种都叫笔山。

＞印泥盒

存放印泥的小盒，有盖，盖和器身之间有子母口。器形多见圆形、方形倭角、椭圆等，盖上琢有文人诗句，有些饰有仿古云纹。图案的地子不甚平，似有浪。

◆ 白玉雕螭方印盒（明代）

◆ 白玉圆印盒（清代）

> 玉镇纸

玉镇纸是压纸张的用具，可以防止纸被风吹走；在纸上写字作画时，很忌讳纸不平整，用镇纸压住一端，把纸抻平，便于写字。镇纸的功能，也就这两种。有许多玉镇做成尺子的形状，所以又名“镇尺”。其实玉镇纸的形状是多种多样的，但不论造型如何，都有底部平整、重心低、有一定的重量、表面光洁四个基本特点。

◆ 青玉三羊开泰镇纸（明代）

◆ 白玉牛镇纸和白玉榴开百子（清代）

◆ 青玉天鹅镇纸（清代）

◆ 翡翠双莲镇纸（清代）

◆ 翠根圆镇纸（清代）

◆ 白玉雕龙镇纸（清代）

> 玉水盂

◆ 莲式玉水盂（清代）

水盂，又称“水丞”、“砚滴”，是放在书桌上的小型贮水器，磨墨时，可用小勺从水盂中舀水出来。由于磨墨用水并不多，水盂的体积一般不大，但水盂是放在书桌上的，还要求美观，具有一定的陈设欣赏功能，于是便有各种式样。

在瓷器中，水盂的式样很多，这些瓷水盂的器形对玉水盂有较大的影响。常见的玉水盂有方形、圆形、海棠式、如意形、桃形、荷叶、葫芦形、荷叶莲蓬形、荷花形、鹅形、鸭形、蟾形、海螺形等，口有圆口、葵口、菱口、花口等。

◆ 青玉兽形水丞（明代）

◆ 青玉桃形雕蝠水丞（明代）

◆ 紫晶玉兰花水丞（清代）

◆ 天然玛瑙荷叶水丞（清代）

＞玉砚滴

玉砚滴是注水入砚的工具，一般都做成青蛙、乌龟、瑞兽的形状，摆在桌子上，也是很好看的装饰品。尽管砚滴的外形有许多种，但有三点结构则是共同的：一是腹内中空，可以盛水；二是在较高的位置上有一细孔，倾倒时，可以滴出水来；三是背上有一个圆孔和腹相通，圆孔上有一段高起的管状器，可以注入水。要用水时，用一个手指按住细口，把砚滴移到砚台上时，不会有水洒出，只要略松开手指，便有水滴到砚台上。有些砚滴采用艺术造型，上述结构做得较隐蔽，但知道砚滴结构特点的人，是不难认出的。

汉代流行一种飞熊砚滴，在扬州老虎墩东汉大墓出土一件。

明代砚滴多为异兽类型，样式较为统一。兽头近似于扁方形。眉、眼、鼻皆位于上平面，直鼻，双眉粗而平，有绳纹，眉稍上折。眼球或用管钻钻出，保留钻痕，或为水滴形，水滴上有阴刻的椭圆圈。眼位于头前部，嘴雕于方形头的侧面，嘴与鼻前有一个平面。平面稍前倾。以外卷耳为多，也有直耳、垂耷耳。四肢短而粗，腿弯处有一阴刻线，近于小腿背处有一道浅凹槽。足尖三趾或五趾。兽腹中空，脊背上有孔，孔上有盖及滴注。在许多异兽背部孔洞的后面隐起一长脊，脊两侧对生长毛，长毛一般为四组。尾较长，分叉卷向两侧。

◆ 青白玉兽形砚滴（宋代）

◇ 卧凤砚滴

卧凤形，身上有鳞片状羽毛，两翅并于身，下部为条纹状，凤尾为八条长羽，并于身后，下垂而回卷。

八卦砚滴八方形，较高，上下封闭，上部有一小孔，孔上有盖及滴柱，砚滴外八面，每面中部凸雕一卦纹，卦纹上下为夔龙，皆浅浮雕，底部阴刻篆书“水中丞”字样，玉质洁白，玻璃光甚亮。

◇ 荷叶双连水丞

由荷叶卷成水丞，前后两池相连，中有一孔相通。前池形似如意，池边浮雕鹭鸶、水草、荷叶，其下有荷叶式足。后池为圆形，池后有镂雕缠枝柄，周围有与柄相连的镂雕枝叶，枝叶上有荷花、水草、慈姑，并一小蟹。

> 玉笔洗

玉笔洗是洗毛笔的容器。古人用毛笔蘸墨写字，因墨中含有胶，墨干后会把毛笔的毛粘住，再用水泡开时，会损伤毛笔。所以，暂时不用毛笔时，一定要在笔洗中把墨洗净。另外，绘画时，因要时时改变墨和颜料的深浅，也要随时洗毛笔。所以笔洗是不可缺少的文房用具。

笔洗，均为大口或敞口的浅容器，有许多种艺术化的式样，宜于陈设使用。

◆ 青玉灵芝洗（明代）

◆ 白玉荷莲笔洗（清代）

◆ 墨玉椭圆梅花洗（明代）

◆ 青玉福寿花形洗（明代）

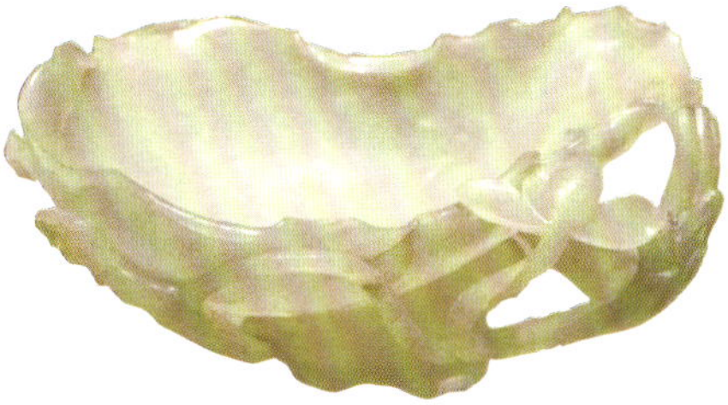

◆ 白玉荷莲笔洗（清代）

◆ 白玉螭纹葫芦式洗（清代）

◆ 白玉荷莲笔洗（明代）

>炉、瓶、盒

这里的炉，是指专用来焚烧木炭和檀香料的熏炉，又叫“香熏”，并非是祭祀用的香炉。器形多样，有的做成瑞兽形，有的做成带镂空盖的香炉形。

瓶是与炉配套的用具，一般都配有一把镀金的铜铲和一双镀金的铜筷子。铜铲的柄又细又长，铲作圆形或方形，有其他形状的。铜铲主要是用来清理炉中的香灰。铜筷子是用来夹炭精和檀香木的，可以把它们放在炉中。盒，是用来盛放檀香木的。檀香木是香料，体积也不大，所以盒子也是很小的。

◆ 青玉番莲纹香熏（清代）

◆ 白玉花卉纹香盒（清代）

◆ 青玉勾连纹镂空香囊（清代）

玉色盘

玉色盘是调颜料时用的，多为敞口浅腹盘状。殷商时就有玉调色盘。

妇好墓出土的一件，长11.8厘米盘边方形。顶上有一对鸟为装饰。

美国哈佛大学福格博物馆收藏一件玉色盘，高5.1厘米，方盒形。前有兽头，背上负有四个小圆筒状物，深入腹内。

玉镇

玉镇是镇席之器。古代在唐以前均盛行席地而坐，为了防止席卷起，故用镇压平。玉镇是一种名贵的镇，也有陈设的作用。楚辞《九歌·湘夫人》有“白玉兮为镇”之句，其注：“以白玉镇坐席也。”可见战国时就有玉镇，现出土的玉镇多汉玉，为多种动物造型。

◇玉马镇

咸阳汉昭帝平陵出土了一件汉代玉马，具备下列特征：肥臀，短颈，凸胸，四肢细而短，马头窄长，鼻、眉等处有尖状凸起，马尾根部上冲。故宫博物院存有数

◆ 玉马（唐代）

件汉代玉马，皆具备上述某些特点，这些玉马有较统一的形式，皆为卧式，前足踏地欲起。马嘴一般都张开。

◇ 玉羊镇

汉代的玉羊较多，一般都为卧式，羊身肥大，头部特点鲜明，面颊前部如凸榫，大角，卷如罗旋，尾部似倒“人”字形。

> 玉辟邪

汉代的玉雕天禄、辟邪较多，为有角、有翅的异兽。其形体一般都具备下列特点：四肢短粗，翅为前后两组羽组成，羽较长，端部有细密的短阴刻线。兽身饰V形、O形等细阴刻纹饰，昂首，胸部极凸或匍匐爬行状。兽头有如下几种特征：眼珠如球，凸起，面颊或瘦长有尖状凸起，或如方形凸榫，或嘴部横宽分为三段，中部为鼻，两侧为唇，分别取形于马、熊、虎等兽。

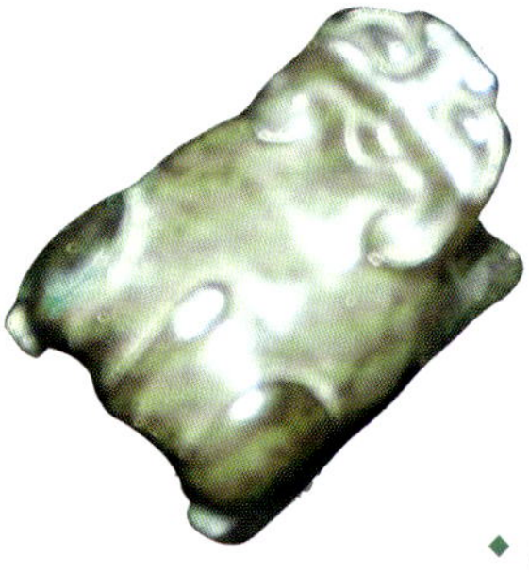

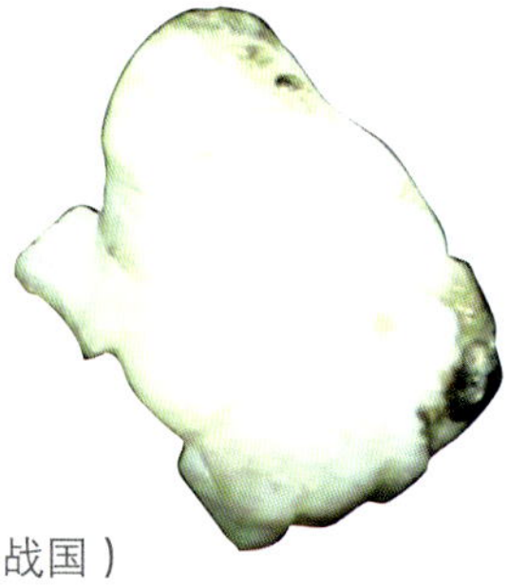

◆ 蛙形小兽（战国）

私人玉印

存世的玉制私印，数量很多。

◆ 白玉雕螭双联章（清代）

宋代书画家米芾，有玉印六方："辛卯米芾"、"米芾之印"、"米芾氏印"、"米芾印"、"米芾元章印"、"米芾氏"。米芾说："以上六枚，白字，有此印者，皆绝品，五印惟著于书帖。"不过只看印文，是没有办法判断出印材来的。

明代顾从德《集古印谱》中，有玉印210方，清陈簠斋万印楼所藏玉印77方，可见古代私印有不少是用玉制作的。

古代书画家、收藏家都有许多印章，其中不免有玉印。明代以来，以寿山石、田黄石为玉材的石印盛行，铜印、玉印都渐渐少了。

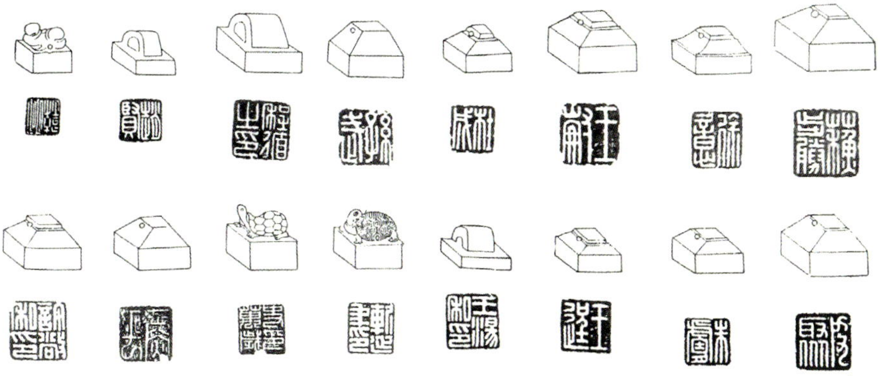

◆ 玉印

> 玉连环

玉连环是两个或两个以上的玉环套连在一起。每一个环均可自由活动，但是环与环之间却不能够分开。玉环的制作，本来就不容易，制作两个或两个以上的玉环套连在一起，更是不容易。所以，玉连环是很引人注目的。

◆ 龙凤纹双连玉环（明代）

THE FORM OF JADE ARTICLES

玉摆件

玉摆件，是玉器行业内部使用的名称，指器形上具有雕刻特征的一类玉制品。在文化圈内则多用“陈设玉”一词。玉摆件在古代不发达，在明清时才有重大发展。新中国成立后，因不兴装饰打扮，玉首饰没有发展空间，玉摆件便成了玉器行业重点发展的品种，成就很高，故新玉摆件的工艺质量和艺术质量都很高。

＞玉山子

玉山子在保持玉石料原形的基础上，按照“丈山尺树，寸马分人”的构图法则来表现自然景物、人文景观或历史场景，或浮雕，或深雕，使山水、树木、楼台、飞禽、人物等构成远、中、近景的交替变化，以取得玉料、题材、工巧的统一。山子雕因玉料大小而巨微不一，大的山子可达数吨重、一二米高，小的只十几厘米大小，以白玉为多，细腻而精巧，有沉静、典雅之书卷气，为案头摆设。大型玉山子场面宏大，气势蔚为壮观。大型玉山子是扬州玉雕的传统技艺。

明代以前的玉山子，山石的雕琢以打筒钻为主，在器表上往往留有孔状或砣状钻痕。清代玉山子在设计上集山林、泉瀑、建筑、人物为一体。山石表面琢以长线条的棱边，似绘画中的披麻皴，另外，山石边沿、人物衣褶、树木轮廓都雕琢得棱角锋锐，似有刃。

乾隆年间制作了许多玉山子，这些玉山子形体庞大，重量多有千斤以上，以立雕山水为主，其间缀以人物、建筑、车船等。玉山子多以著名画稿为蓝本进行设计制造，“大禹治水图”、“会昌九老图”、“秋山行旅图”及“采药图”、“采玉图”、“观瀑图”、“赤壁泛舟图”等。

◆ 玉山子（清代）

◆ 玉山子（清代）

◆ 翡翠山子华夏古风（近代）

◆ 翡翠饮中八仙（近代）

◆ 白玉山子（近代）

◆ 青玉山人出行山子（清代）

> 玉座屏

玉座屏又叫“插牌子”，是用大块方形、长方形、圆形玉薄板为屏心，雕刻纹样之后，插于硬木屏座上。由于大块玉料少见，故插牌子也是比较名贵的。选料以白玉、青玉、碧玉、翡翠居多。玉座屏始见于汉代，在明清时期较为盛行。

玉屏心可以采用高浮雕、浅浮雕、线刻等技法，有的还可选用戗金、描金等装饰工艺，题材广泛，有花鸟、名树、著名风景、历史典故、吉祥图案、百寿字、名诗等，观赏性很强。清代宫廷旧藏的玉插屏有如下题材：陶公爱菊图、灯下观书图、板桥风雪图、枫林晚坐图、采药图、观梅图、进玉图、汉柏图、五大夫松、水阁观荷图、春夜宴桃李图、话菊图、赤碧泛舟图、秋织图、春耕图、达摩渡江图、远浦归帆、平沙落雁、烟寺晚钟、江天暮雪、山中晴岚、竹石、万寿菊等。

◆ 翡翠八仙屏（近代）

◆ 农耕图玉插屏（清代）

◆ 青玉宴饮图插屏（清代）

◆ 嵌青玉镂雕福寿图砚屏（清代）

> 玉人物摆件

人物摆件有佛像、仙人、神话人物、仕女、老人、小孩、历史人物等。以圆雕为主。人物造型要求注重身材，注重人物脸部的刻画，注重人物神态及情节内容。一般都选用质地细腻、颜色均匀且沉稳润泽的翡翠、白玉、青白玉、青玉、碧玉、青金石、珊瑚、绿松石等高档玉料，带俏色的玛瑙也是人物摆件的主要玉料之一。

◆ 白玉佛（近代）

◆ 玉渔翁（清代）

◆ 玉罗汉（宋代）

◆ 玉仙姑像（清代）

◆ 玉观音（清代）

> 玉兽摆件

玉兽摆件有瑞兽，如龙、凤、麒麟、朱雀、辟邪等；也有写实兽，如鸡、鹅、牛、狗、马、熊等。作品有单件、成对、成套之分，如套八鹅、八骏马、套熊等。用料比较广泛，尤其是杂色料最宜。

◆ 玉鹿（清代）

◆ 碧玉太狮少狮（明代）

◆ 青玉卧马（清代）

◆ 犬（宋代）

◆ 鹅（唐代）

◆ 鸟（宋代）

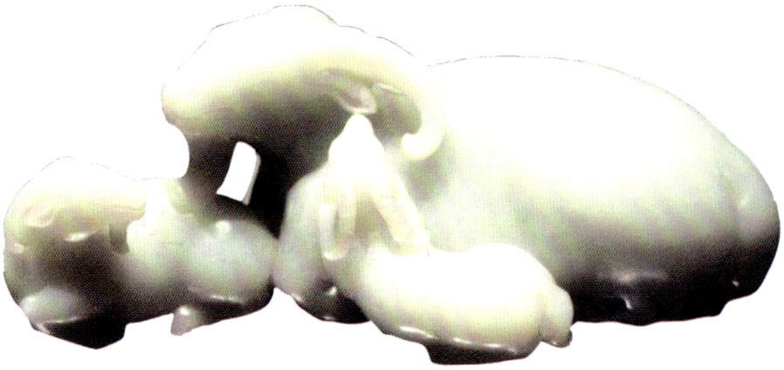

◆ 青玉三羊（清代）

◆ 白玉双欢（清代）

◆ 白玉大象（清代）

◆ 翡翠摆件金蟾螭虎献宝（近代）

> 玉雕花鸟摆件

玉雕花鸟摆件可分为花卉、鸟类、花卉瓶等。

玉雕花卉摆件用料广泛，如翡翠、珊瑚、绿松石、玛瑙、岫玉等。题材多选用牡丹、月季、山茶、牵牛花、萱草、梅、兰、竹、菊等，也常采用民间喜闻乐见的寓意吉祥如意的组合花卉，如四君子（梅、兰、竹、菊），岁寒三友（松、竹、梅），喜上眉梢（梅花、喜鹊）等。为增强作品的生活情趣，花卉间常配有鸟雀虫草。

玉雕鸟类，以自然界各种鸟类为题材对象，用写实手法造型、施艺，形成玉鸟自然、生动、清新的风格，在用料上以色彩清丽的岫玉及色彩鲜艳的玛瑙居多。鸟有风凰、仙鹤、绶带鸟、鹭鸶，还有孔雀、鹦鹉、锦鸡、山雀等，多表现仙鹤、绶带鸟、鹭鸶等鸟直立于枝头或栖居于树间的自然优美姿态，故名“树本鸟”。

花卉瓶与插花瓶不同，是玉雕花鸟摆件中的特殊品种，其造型特点是以玉瓶作为花卉依靠的骨架，在玉瓶的正面和两个侧面均雕刻大丛整株的花卉。玉瓶有活盖，也掏膛，玉瓶掩映在花丛之中，做工精美，是现代玉花鸟摆件最主要的表现形式。

◆ 独山玉荷塘鹭鸶（近代）

◆ 珊瑚梅鹊报春（近代）

◆ 珊瑚三仙祝寿（近代）

◆ 岫山松鹤瓶（现代）

◆ 紫晶花瓶（近代）

◆ 芙蓉石牡丹瓶（现代）

>玉如意

◆ 青玉雕八宝纹如意（清代）

如意原是古印度佛教徒的用具，随佛教传入我国。如意有多种用途，如论经传道时，可作为指挥棒；也可将重要的经文写在如意上，以免遗忘；休息时，可用于搔痒；金属如意还可作为防身的兵器。

玉如意是高级礼品，主要用于定亲、祝寿。玉如意有许多种形状，但大体长约一二尺，柄端如灵芝形或云头形，有弯曲的长柄和小巧的端尾。全器上雕有精美的寓意吉祥的纹饰。

◆ 紫檀柄青玉镂刻花果九九如意（清代）

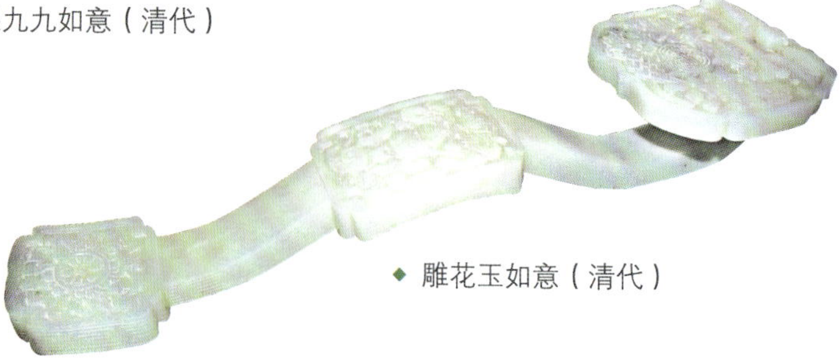

◆ 雕花玉如意（清代）

玉人

玉人是指玉制人物，也包括玉器上的浮雕人面纹装饰。严格地说，这种分类是以装饰题材进行分类的结果，并非是按形制或用途的分类。

玉人出现得很早，在新石器时代的红山文化、大汶口文化、龙山文化、良渚文化、石家河文化、含山文化、石峡文化、卑南文化（台湾）遗址中均有出土，但玉人的形象有很大的区别。

＞商代玉人

商代玉人主要有五种：圆雕全身人、圆雕人首、片状全身人、片状人首、带有玉人装饰的其他玉件。

圆雕全身玉人：仅见于殷墟，人的头顶部有两个相通的小孔，用于穿系绳，因而这种玉人能用作人身佩饰。据专家分析，殷墟妇好墓出土的一件圆雕玉人可能是妇好本身的雕像。

片状玉人：殷墟妇好墓出土的一件片状玉人，头顶附有角形装饰，躯干较小，四肢发达，身上带有双阴线刻装饰纹样。这件玉人从一面看为男性，从另一面看则为女性。

人形片状玉璜：在弧形玉片上以剪影的方式雕出侧面人形，然后用阴线勾画人体。这种玉人皆为团身，膝屈腹前，抱肘于胸，头部冠以极华丽的冠状装饰。

片状玉人头：在传世玉器中较常见，殷墟也有出土。一般来看，殷墟玉人多为大鼻、阔嘴，头部似有一道箍，箍上方有密集的细阴线短发。那种长型脸、长脖、尖鼻的玉人可能为西南地区的玉器。

鹰攫人首佩：故宫博物院收藏，主体为一只冲天而飞的巨鹰，两侧各攫一人头。商代盛行鸟崇拜，巨鹰是一种与祖先或民族相关联的崇拜物，人头则是牺牲品，这件作品是商代人殉、人牺制度的形象表现。

＞战国玉人

目前已有较多发现，平山县中山国墓发现玉人多件，皆手抱胸前，着裙袍，裙袍上饰阴线网格纹。曾侯乙墓亦出土小玉人多个。洛阳金村战国墓出土的双联玉人，是目前发现的战国玉人中雕刻最精致的。两个玉人相并而立，细腰长裙，腰系宽带，各人外侧手上舞，内侧手置于腰际。

◆ 玉人（西汉）

◆ 小玉人（战国）

＞玉舞人佩

玉舞人形象较统一，细腰长袖，一只袖自头顶甩到身体另一侧，另一只手横于腰部，袖垂于身另一侧。汉代舞人的雕琢工艺精粗不一，粗糙的作品只雕外形，加几道阴刻线以示眼、眉或身腰，精制的则有起伏的衣褶。广东汉初南越王墓出土的圆雕立体玉舞人为最精。

◆ 玉舞人（辽）

> 玉翁仲

玉翁仲雕琢极简单，立形，两臂合于胸前，头形上方下尖，短胡，所谓“汉八刀”即指翁仲的雕制。传世玉器中，汉代的翁仲人很多，但多数是假的。

> 玉飞天

传世玉器中常见唐代飞天人，胖女娃形象，裸上身，赤脚，肩披一长飘带，衣褶似裹于身，身下有云朵。

◆ 玉飞天（宋代）

◆ 飞天玉残片（南唐）

＞玉雕童子

秦汉时期，玉雕人像已十分普遍，宋元时期玉雕童子像则最为盛行。

飞天童子：童子身穿交领长衫，肥裤腿，呈侧卧状，一腿伸直，另一腿后踢，左臂曲于胸前，右臂插于腰际，双手持长披帛，弯转飘绕于上体，形似唐代玉雕飞天。

攀枝童子：为一童子双手攀一枝，枝在童子头部分杈，长杈后弯，有一长叶自童子后背垂下，夹入腿间，弯于臀下。

执荷童子：即手执荷叶的童子像。是宋代汴梁七夕前后折荷花、荷叶习俗的反映。

辽金玉雕童子种类有行走童子、骑鹅童子。元代玉雕童子种类有戏傀儡童子、行走童子、系带童子。

◆ 玉持花童子（宋代）

◆ 腾云童子（明代）

◆ 持荷童子（明代）

痕都斯坦玉器

痕都斯坦，大致位置是在今印度北部、巴基斯坦西部和克什米尔地区一带，当时属莫卧儿帝国统治，故“痕玉”又常被称为“印度玉”或“莫卧儿玉”。“痕玉”大致是乾隆二十四年（1759年），清军平定回部上层贵族叛乱之后作为战利品送进清宫的。乾隆皇帝对这种伊斯兰艺术风格的玉器极为赏识，先后赋诗作文50余首来赞美“痕玉”精湛的做工和独特的艺术风格。

◆ 痕都斯坦嵌宝八角盒（清代）

乾隆皇帝在养心殿造办处专设仿“痕玉”的工种，但作品似是而非，时称“西番作”。

痕都斯坦玉器最典型的器形特征有两条：

第一，胎薄体轻，透明度高，痕都斯坦玉器多用青玉，材质与和田玉相近，被乾隆帝誉为“薄如纸更轻于铢”、“抚外影瞻内”。

第二，痕都斯坦玉器多为器皿，主要有盘、杯、碗、壶、盒、盂等类，其外形多模仿花、果、叶等植物造型，极少数为动物造型，器物的图案题材均为写实的花卉果蔬，主要有菊花、葵花、菱花、莲花、折枝花、瓜棱、桃实、树叶枝蔓等。其饰纹多采用平面隐起的浅浮雕，琢磨极为细致，不留丝毫琢痕。痕都斯坦玉器的耳和足多作对称的花果枝叶形，其底与足多外撇，呈花瓣形或叶形，与整体的造型、纹饰浑然一体，设计巧妙，搭配和谐。

现存故宫博物院的许多“痕玉”上都刻有铭文，其内容主要是一些诗词和年款，多为楷书和隶书体，印玺则为篆书体。这些铭文都是在“痕器”进入清宫后由造作办玉匠琢刻的。清代具有痕都斯坦玉器风格的作品主要有碧玉菊瓣盘、青玉茄式洗、白玉叶式杯、白玉双环碗和青玉双耳碗等。碧玉菊瓣盘最具代表性，该盘高2.8厘米，口径25.4厘米，玉色碧绿，浅腹撇口，通体如一朵绽开的菊花。底有花瓣形圈足，胎壁薄如蝉翼，光亮鉴人。盘体内外共琢出五层花瓣，菊瓣雕琢精细，由内向外数量递增，形状渐大，间距均等，排列有序。这是一件既源于生活又经过高度艺术加工的现实主义作品，为乾隆时期仿“痕玉”的成功之作。

◆ 菊花瓣玉盘（清代）